ちくま新書

実践！　交渉学

——いかに合意形成を図るか

松浦正浩
Matsuura Masahiro

839

実践！交渉学——いかに合意形成を図るか【目次】

はじめに——交渉学を知れば、複雑な「交渉」がクッキリ見える

交渉学、あるいは交渉理論という学問があることをご存知でしょうか？

離婚調停から国際紛争まで、この世に存在するさまざまな交渉について、ハーバード大学をはじめとする北米の有名大学の経済学者、社会学者、法学者、政治学者などが、長年研究を重ね、一つの学問として体系化してきたものです。その中には、ゲーム理論に基づく数理的研究から、国際政治を題材とした実証研究まで、さまざまな研究が存在しますが、読者のみなさんが、身の回りの問題にいますぐ使える、より実践的な方法論も、交渉学の知見として示されています。

本書では、現場で応用できる、交渉学の実践的な基礎知識を第1章、第2章で紹介します。しかし、これだけでは、他の実用志向の「交渉術」の書籍と大差ないでしょう。本書ではさらに、第3章以降で、社会的責任のある交渉、マルチ・ステークホルダー交渉による社会的合意形成、マスコミや科学技術の役割など、小手先のテクニックに終わらない、本当の「交渉学」をご紹介したいと思います。

そもそも、「交渉」という言葉に抵抗がある人も多いかもしれません。確かに、「交渉」というと、企業合併のようなビッグ・ビジネスや、国際政治の問題だと思われがちです。しかし、町内会やPTAで、いつまでもゴネる人がいたり、みんなで納得できる結論が出なかったりする問題に直面したことはありませんか。職場で、不毛な打ち合わせが繰り返されるばかりで、何も解決しないイライラを感じたことはありませんか。もしあなたが行政職員であれば、「なぜ、住民は納得してくれないのか」、「なぜ、あんなに辛らつな苦情を言ってくるのか」、とお悩みではありませんか。

実は、これらの身近な問題も、交渉がうまくできていないからこそ起きるのです。交渉とは、二人以上の人間が、協力して行動する未来のことがらについて、話し合いで取り決めを交わすことです。ですから、家族や恋人どうしの相談も、会社での打ち合わせも、政府間の話し合いも、すべて交渉なのです。

外交や政治の交渉は、世界中の学者が長年にわたって研究してきました。ビジネスの分野でも、わずかな利益を搾り出そうと、企業は戦略的に交渉をしています。書店に行けば、ビジネスマン向けにいろいろな「交渉術」の本が平積みされています。しかし、読者のみなさんにとってもっと身近な、家族や友人との交渉、コミュニティでの交渉についてまで、同じ分析や戦略が役に立つかもしれない、と思ってみたことはあるでしょうか。ビジネスマンも、会社での交渉と、家庭での交渉を、同じ思考回路で考えてみたことがあるでしょうか。交渉学は、経営学や国際関係論といった専門分野にしばられず、多様な「交渉」の問題を、共通のフレームワークで分析しようという試みなのです。

このように説明すると、「交渉」と「説得」を同じものだと誤解する人がたくさんいます。いかにして相手の妥協を引き出すか、思い通りに相手の感情を操るか、といったことを「交渉術」だと言っている人たちも、いまだにたくさんいます。しかし、そういう技術は本質的な問題解決につながらない、と私は信じています。交渉相手がそのような知識を持っていなくて、さらに相手があなたのことを信用しているうちは、小手先の技術も効果があるでしょう。しかし、交渉相手も同じような知識を持つようになれば、お互いに騙しあい、動揺させようとするばかりで、本当の価値を生み出す協力関係が新たに構築されないどころか、既存の良好な協力関係さえも崩壊してしまいます。人を思い通りに操作することに関心があるのなら、別の本を読んでください（おすすめはチャルディーニの『影響力の武器』〔誠信書房〕やアリエリーの『予想どおりに不合理』〔早川書房〕）。

もう一つ注意をしておかないといけません。交渉学を学んでも、あなたが理想とする条件を勝ち取ることができないかもしれません。むしろ、交渉学を知ると、あなたの理想とする条件など、そもそも無理であることが自明になる可能性があります。

私自身、交渉の行き詰まりに直面した人から相談を受けることも多いのですが、ときどき、そもそも期待が高すぎる人がいます。「客観的に見れば、あなたが期待するような条件など得られませんよ」と回答すると、「そんなミもフタもない……」とガッカリされる方も多いです。もちろん、そのような状況であっても、交渉の進め方を少しは改善できることが多いのですが、思い描いている理想の交渉結果はあきらめなければなりません。つまり、交渉学を知ることで、複雑な交渉の構造をクッキリと見渡すことができるようになるかわりに、同時に、自分としては認めたくない、自分が置かれた立場の弱さも直視しなければならないことがあります。実際、相手と合意しないと、自分は非常に困った状況に追い込まれる、ということに気づかされることがしばしばです。

ですから、交渉学を理解し、交渉における自分の強さ、弱さを正確に認識した上で、交渉の進め方を改善するだけでなく、交渉の前提条件である、自分自身が置かれた立場（財力、体力、知力といったものです）も改善する必要が出てきます。

交渉学は、当事者全員にメリットがある解決策を見つける手助けをします。交渉の結果、自分が幸せになるだけでなく、交渉相手も幸せにしてあげなければなりません。交渉相手が不幸になるのであれば、そのような交渉は「失敗」でしかないと私は信じています。これは決して、倫理や道徳の観点から主張しているわけではありません。むしろ、もっと冷徹な計算に基づくものです。

もしあなたが幸せになり、相手が不幸になったならば、相手の人はあなたのことを一生恨み続けて、仕返しをしてくるでしょうし、あなたの評判を貶《おとし》めようと悪評を世間に流すでしょう。

より具体的に考えてみましょう。あなたが、何かロクでもない不良品を、二束三文で仕入れて、高値で誰かに売りつけたとしましょう。あなたは、一時的に大儲けするかもしれません。しかし、売りつけられた相手は損害賠償を求めてきたり、あなたの悪評を振りまいたりするでしょう。あなたがズル賢くて、法的にはなんら賠償責任がない契約を相手と結んでいたならば、やはり大成功の交渉なのかもしれません。

しかし、より長期的な視点で考えてみてください。将来、あなたが改心して、まともな商売を始めようとしたとしても、すでに悪評が広まっていて、取引してくれる相手が見つからないでしょう。いまの時代、少しでも悪評が立てば、すぐにインターネット上にクチコミの記録が残されてしまいます。あなたのビジネスモデルが社会問題となれば、法律で禁止されてしまうかもしれません。

だからこそ、いわゆる情報化社会の中で生き延びていくための方法論として、一人勝ちではなく、自分が幸せになりつつ社会全体も幸せにするような解決策を、積極的に模索する交渉学が必要とされているのです。そのような理由から、本書で紹介する交渉学をWin／Win交渉と呼ぶこともあります。第3章以降、社会的責任という観点から、交渉学についてよりくわしい説明をしていきます。

私自身、社会的合意形成の問題を解決できる方法論を学びたくて、一九九六年にマサチューセッツ工科大学（MIT）の都市計画修士課程に進学しました。ちょうどこの頃、日本ではバブルがはじけ、公共事業への反対運動が全国各地で勃発していました。その頃の日本ではまだ、合意形成の方法論について学べる大学院は見つからなかったので、留学したのです。そして、MITと、お隣にあるハーバード大学で、交渉学に出遭うことになります。

交渉学を知り、社会のいろいろなモメゴトを「交渉」の失敗として、冷静に分析できるようになると、政治や経済のさまざまな問題の本質までもが、クッキリと輪郭を描いて見えるようになってきました。そして、そのような「交渉の失敗」を、予防したり解決したりするための、理論に裏づけされた方法論も学ぶことができました。社会問題や身の回りのモメゴトへの応用ができるようになると、交渉学は「おもしろい」学問です。私自身、そのおもしろさから、脱サラして、アメリカで貧乏生活を送りながらMITで博士号（正確にはPh.D.）をとるに至りました。

この本は、読者のみなさんが毎日、身近に行っている「交渉」をよりよいものとするためのアドバイスとして書き下ろしました。家庭、町内会、職場といった身近な交渉でも使えるいろいろな技法をお示ししたいと思いますが、それだけでなく、地域や国、ひいては国家間のレベルで行われる複雑な交渉（合意形成）に至るまで、あなた自身で冷静に分析して、とるべき行動を判断するために必要な知識をお伝えしたいと思います。

第１章

交渉とは何か

1　交渉学について

本章では、交渉学について、おおまかな枠組みを説明します。交渉学が現場で本当に役に立つのかどうか、疑心暗鬼の読者もいらっしゃるでしょうが、まずは目を通してみてください。決して難しい理論ではありません。

米国では、ハーバード大学ロースクール交渉学プログラムをはじめとする、さまざまな教育研究機関が、交渉学について、企業研修、市民向け公開セミナー、弁護士向け再教育セミナーなどを行っています。これらの研修を通じて交渉学を初めて学んだ受講者の多くが「なあんだ、そのようなことなら、なんとなく知っていた」という反応を講師に寄せるそうです。私も、日本の企業研修で、同じような反応を得たことがあります。これは、交渉学を学んでも新たな発見はない、ということではありません。私たち一人一人が、日常生活の中で、交渉学のような知識を、自然と体得しているということです。しかし、交渉学としてひと通り話を聞かない限り、意識されない「なんとなく」のノウハウで終わってしまい、能力を向上させることができません。まずは、本章を読み進めていただいて、交渉学の全体像をつかんでみてください。

†交渉学の全体像

交渉学をひとことで言えば、「世の中のあらゆる交渉について研究する学問」です。では交渉とは何か、と言えば、「複数の人が、将来の協力行動について約束するための話し合い」とでも定義できるでしょう。英語ではネゴシエーション（negotiation）と言います。

交渉学自体は、経済学、心理学、行政学、法学などを起源としつつ、学際領域として、過去四十年程度で、次第に発展してきました。現在では、独立した一つの学術分野として確立されようとしている学問です。交渉学といっても、さまざまな視点から研究と教育が行われています。ゲーム理論を応用した抽象的な数理研究（意思決定分析）もあれば、ビジネス交渉を念頭に置いたきわめて実践的な訓練も行われています。

交渉学では、交渉当事者全員にとってメリットがある交渉が、よい交渉だと考えられていて、相互利益交渉（mutual gains negotiation）やＷｉｎ／Ｗｉｎ（ウィン・ウィン）交渉などとも呼ばれています。対照的に、Ｗｉｎ／Ｌｏｓｅ（ウィン・ルーズ）交渉という言い方もあり、これはどちらかが勝って、どちらかが負けることを前提にした交渉です。自分の得は相手の損、相手の得は自分の損だという前提のもと、説得やマーケティングの技法を使って、自分が最初に思い描いた条件に相手を同意させることが目的で、取引で価値を生産することをほとんど考えない交渉の進め方です。Ｗｉｎ／Ｌｏｓｅ交渉は、長期的に見て非効率的であるため、交渉学では避けるべき交渉のパターンだと言われています。なぜこのような交渉のやり方を避けるべきなのかは、後々詳しく説明します。

ただし、Ｗｉｎ／Ｗｉｎという言い方も、交渉に、勝ちと負けがあることを前提としているように聞こえます。Ｗｉｎ／Ｗｉｎ交渉をするといっても、野球やサッカーの試合のように、相手と競り合って何かを獲得することではなく、当事者間に存在する問題を、お互いが納得のいく形で解決することを意味します。最近、ビジネススクールなどで交渉学が必修科目になり、幅広く教えられるようになった結果、企業の役員や政治家が、何かと「Ｗｉｎ／Ｗｉｎ」という流行語を使う場面が多いかもしれませんが、よく考えずに使っている人を見ると、なんだか私まで恥ずかしい気持ちになります。本書を読み進めていただければ、Ｗｉｎ／Ｗｉｎという響きに騙される危険も、理解できるでしょう。

†学問としての交渉学

前置きはこれくらいにして、誰もが幸せになる交渉など、本当にありえるのでしょうか。ここで、交渉学の始祖とも言える二〇世紀初頭の経営学者、メアリー・パーカー・フォレット女史（一八六八〜一九三三）がその実体験に基づいて語った事例を紹介します。

ある日、ハーバード大学の図書館のある小部屋にいたとき、そこにいた誰かさんは窓を開けておいてほしかったらしいのですが、私は閉じようとしました。そこで私たちは、誰もいない隣の部屋の窓を開けることにしました。これは妥協ではありません。なぜなら、二人ともそれぞれの欲求を無理に抑えているわけではないからです。二人とも本当に望んでいたものを得ることができました。私はべつに密閉された部屋を望んでいたわけではなくて、北風が私に直接吹き付けることが嫌なだけだったのです。またもう一人の人もその窓をどうしても開けておきたかったわけではなくて、単に部屋の中の空気を入れ替えたかっただけなのです。(Mary Parker Follett, "Constructive Conflict" In Metcalf, H. and Urwick, L. (Eds.) *Dynamic Administration: The Collected Paper of Mary Parker Follett*. New York, NY: Harper & Bros., 1942. p. 32 より)

この二人がもし「窓を開けるべき」か「窓を閉めるべき」かについて議論していたら、埒があかない、水掛け論に終始したでしょう。しかし、なぜ窓を開けたいのか、閉めたいのかについて、お互いに理解できたことで、二人とも満足できる解決策を見つけることができています。これは単にフォレット女史の実際の体験というだけでなく、モメゴトに陥りやすい交渉の根底にある何かを語っている喩え話なのです。

経済学者の言葉を使って説明すれば、交渉学の根底には、相手が自分よりも価値をおく財と、自分が相手よりも価値をおく財を交換することで、両者の効用水準を高めるという、パレート改善の考え方があります。これがWin／Winの本質です。詳しくは「統合型交渉」の節で詳しく説明しますが、パレート改善をお題目に、さまざまな条件における最適解を導く数理モデルを検討してみたり、そのような取引を阻む心理的な要因を検討してみたり、そして本書のメインテーマでもある、交渉による社会的合意形成を検討してみたりと、交渉学の分野ではさまざまな問題について検討が加えられています。

交渉学は当初、経済学の影響が強かったためか、「合理的な個人」を前提とした研究が大半でした。しかし最近では、必ずしも合理的には説明ができない課題に、焦点を当てた研究も増えつつあります。“*Negotiation Journal*”や“*International Negotiation*”などの学術誌を見ると、男女の違い、怒りや笑いの役割、文化の影響などに関する、社会学や心理学の視点からの研究が、最近、増加傾向にあるようです。

また、長年にわたって、交渉の最終目標は「相互利益」である、という暗黙の了解がありましたが、近年では利益ではなく、良好な人間関係の構築に主眼を置いた、変容的調停（transformative mediation）という考え方が出てくるなど、交渉学は過去十年で大きな裾野の広がりを見せています。

最近、本書で扱うような交渉学のことをなかば自嘲的に、ハーバード学派、ケンブリッジ流（英国ケンブリッジ大のことではなく、ハーバード大学やMITが所在する米国マサチューセッツ州ケンブリッジ市のこと）などと呼んでいるのを耳にしました。それだけ、交渉学の分野ではハーバード大学界隈の影響力が強いということです。実際に学閥が存在するかどうかはともかくとして、学閥の話題が学者の世間話に出てくるということは、交渉学がそれなりに学問分野として確立していることを意味しているのではないかと思います。

†交渉の罠

理屈だけで考えれば、お互いに利益をもたらす物々交換、取引を見つけることは一見、容易なことに思えるかもしれません。私の双子の息子たち（二歳）でさえ、遊びに飽きたおもちゃをお互いに交換して、できるだけ多くのおもちゃで遊ぼうとすることがあります。幼児でさえ、上手に取引できるのですから、大人なら、冷静に交渉すれば、相互利益をもたらす解決策はいくらでも出てきそうです。しかし、実際の交渉にはさまざまな「罠」がありあります。たとえば、交渉を決裂させようと、以下のような罠があなたを待ち構えています。

【策略のミス】

交渉相手からより多くの譲歩を引き出そうとして、たとえ条件のよいオファーが出てきても、自分にとって全く価値がないそぶりを見せる人がいますが、これはきわめてリスキーな策略です。交渉相手が素直な人だったら、「これは取引の材料にならないんだ」と判断して、オファーをやめてしまうかもしれません。自分も「嘘をついていました」とは言い出せないので、結果、せっかくの相互利益のチャンスが失われてしまいます。

【不安による交渉開始の行き詰まり】

話し合いに応じるという行為そのものが、相手に弱みを見せることになるのではないか、という心配から、話しかけたくても、話しかけられない状況。長いこと対立関係にある場合、交渉で解決したほうがよいことがわかっていても、自分から話しかけられないという事態がよくあります。

【教義による行き詰まり】

身を挺してでも守らねばならない、絶対に譲ることのできない何かがあるために、取引など「ありえない」し、話し合うこと自体が冒瀆《ぼうとく》になるために、交渉を始めることがきわめて困難な状況。いわゆるタブーに絡む問題。米国では、妊娠中絶や同性愛者の結婚などがこれに該当します。この問題は第5章で、もう少し詳しく説明します。

【情報の非対称性】

情報量の面で、一方が他方に比べて圧倒的に優位にある場合、交渉をしても、情報量の多いほうが得をしたり、騙したりする可能性があるので、情報量の少ないほうが交渉を始めたがらない状況。たとえば以前、私がアメリカで自動車保険に加入したときの話ですが、保険に加入した直後に、保険会社指定の工場で自動車の検査を受けさせられました。私のほうがその自動車について情報量の面で優位にあるので、保険会社と私が交渉で対等な立場に立つための条件として、このような検査が義務付けられているわけです。また何かの公共工事で、地元住民と行政が対立している場合、地元住民はこの「情報の非対称性」、つまり工事や技術に関する知識不足を恐れているがために交渉したがらないということも十分考えられます。

【囚人のジレンマ】

お互い相手を出し抜くことで自分が得するゲームの構造だと、交渉当事者間の協調的行動ができないという、ゲーム理論のクラシックセオリー。ここでは詳しい説明は省きます。

【選択的知覚と反応的逆評価】

人間は、自分に都合のよいことだけ「正しい」と思いこみがち、という問題が心理学の研究で指摘されています(選択的知覚)。また交渉相手を信用していないと、相手の言っていることが真実であっても、嘘だと思い込んでしまうことがあります(反応的逆評価)。これらが過剰な自信へとつながることがあります。たとえば、ベーザーマンとニールが行った実験では、交渉の勝率が五〇パーセントに設定されているゲームを被験者にやらせたところ、被験者は自分の勝率を六五〜六八パーセントと見込んでいたという結果を発表しています。

これらの罠はほんの一例にしか過ぎません。他にもいろいろな交渉の罠が指摘されています。ですから、これらの罠を潜り抜け、さらにお互い納得できる結果を見つけるということは、そう容易なことではありません。オフィスでのモメゴトから、泥沼の離婚訴訟、ストライキ、公共事業に関する論争、最悪のケースでは国家間の戦争に至るまで、数多くの場面でこのような罠が原因となった「行き詰まり」が見られます。交渉を成立させることによって、双方に利益がもたらされそうなことが客観的にはわかっていても、なぜ交渉が行き詰まってしまうのでしょうか？

いわゆるハーバード流交渉学は、いかにしてこのような行き詰まりに陥らないようにするか、あるいは行き詰まりから脱出するかについて、研究と実践に基づく指針を与えています。特に、一九八一年に初版が出版された、フィッシャーとユーリーによる“*Getting to Yes*”（邦題『ハーバード流交渉術』三笠書房）に示された、原則立脚型交渉という考え方は、交渉学の基礎を築いたといっても過言ではありません。では次節から、交渉学の主な構成要素について見ていきます。

2　配分型交渉

†突然降って沸いてきた一〇〇万円

まずは、日常でよく見られる交渉の一形態として、「配分型交渉」について説明します。

非常に単純なケースを考えてみましょう。いま、あなたが電車に乗っていたら、大富豪がやってきて、あなたと、隣に座っている全く見知らぬ人に向かって、突然、次のようなことを言ってきた、と想像してみてください。

「ここに一〇〇万円の札束があるから、二人で山分けしなさい。二人の分け前について、話し合いで合意できたなら、この札束を二人にあげよう。この場で分けて持ち帰りなさい。この札束を受け取ったならば、君たちは今後一切、連絡をとってはいけない。あと五分で私の降りる駅に到着するから、それまでに決めてくれ。」

いわゆる「棚からボタモチ」のシチュエーションですね。ここで、一〇〇万円の分割のパターンを、いくつか考えてみましょう。

（1）五分五分で分ければ、あなたは五〇万円、見知らぬ人も五〇万円をもらえます。
（2）「俺は絶対に八〇万円をもらう！」と相手に押し切られれば、あなたは二〇万円をもらうことになるでしょう。
（3）逆にあなたが八〇万円を獲得できれば、相手は二〇万円しかもらえないことになります。

分割のパターンはいくらでも考えられます。しかしいずれの場合も、二人が得る金額の合計はどうやっても一〇〇万円を越すことはできません。また、「お互い四〇万円ずつもらおう」などという合意も、非常識でしょう。残りの二〇万円をドブに捨てても仕方ないですから。よって、この交渉の前提条件をまとめると、次のようになります。

・あなたと相手が得る合計は常に一〇〇万円。
・交渉はその一〇〇万円の取り合い。

†配分型交渉の定義

このような交渉を配分型交渉（distributive bargaining）といいます。distributeとは英語で「配分する」という意味があります。いま述べたケースでは、一〇〇万円を配分する交渉というから「この交渉はdistributive bargainingである」と言えます。片方が得すれば、もう一方が損をするので、先ほど述べたように、「Ｗｉｎ／Ｌｏｓｅ交渉」とも言います。

また、経済学に詳しい方はお気づきになられたと思いますが、これは一種のゼロ・サム（zero-sum）の状態にあり、配分型交渉のことをゼロ・サム交渉と呼ぶこともあります。またこのケースでは、一〇〇万円がどこからともなく降って沸いてきたわけですから、正確には二人の利得の合計はゼロではありません。よってこのような交渉は厳密な意味では固定サム交渉（fixed-sum bargaining）と呼ぶべきでしょう。

さて、このような配分型交渉では、容易に想像できるように、険悪なムードにならざるを得ません。なぜなら相手が得をすれば、そのぶん自分が損をするわけで、できるかぎり自分の取り分を増やそうと躍起になるわけです。相手が一万円獲得するということは、自分の取り分が一万円減ってしまうのです。

「ここで譲歩して恩を売っておいて、後で何かを取り返すという戦略もあるのではないのか？」という疑問もあるかもしれません。しかし、将来、何らかの見返り等が期待される交渉は正確には配分型交渉とは呼べません。そのような戦略をもしあなたが用いれば、あなたは、この交渉で得る分け前に加えて、将来の見返りを得ることになります（正確には見返りの現在価値）。

よって、あなたと相手が得るものの合計は一〇〇万円ではなく、一〇〇万円に「将来の見返りの現在価値」を加えたものとなり、この交渉により新たな価値が生み出されています。そのような価値生産を含む交渉は、配分型交渉ではなく、「統合型交渉」と呼ばれます。統合型交渉については次節で詳しく述べます。

†配分型交渉における脅し

また、「誰だって五分五分（五〇万円ずつ）に分割するんじゃないの？」という考えをお持ちの方も多いと思います。確かに私もそれが一番無難な解決策だろうな、と思います。しかし、相手がもし、こんなことを言ってきたら、あなたはどうしますか？

「俺が九〇万円もらう。おまえは一〇万円だ。交渉の余地などない。おまえがいますぐ同意しないのなら、俺はこの話から降りる。一〇万円だったとしても、何も貰えないより、いいじゃないか。」

腹は立つでしょうが、相手がコワモテの人で、脅しが本気に見えたら、あなたもかなり焦ることでしょう。もし、あなたが危険を回避する性格で、相手が危険を喜んで冒すタイプの人であれば、あなたはきっと、一〇万円という不利な配分に甘んじてしまうことでしょう。確かに、一〇万円だってかなりの大金です。

もしあなた自身も危険を冒す性格の方で「九〇万円くれないなら、交渉決裂だ!」と二人でいつまでも言い張っていたら、五分経ってしまい、大富豪が札束とともに電車から降りていってしまうかもしれません。せっかく天から降って沸いた話なのに、一〇〇万円が水泡と化してしまうでしょう。たとえあなたが危険を冒す性格の人間でなかったとしても、そういう脅しを受けたことによって、「そっちが脅してくるなら、こっちも意地になってやる!」と、感情的な反応をすることがあるかもしれません。

配分型交渉においては、合法的に「脅し」を行うことができ、それによってより多くの分け前を得ることが可能です。ある交渉が配分型交渉であったり、交渉の当事者たちがその交渉を配分型交渉であると認識していたりすると、リスク志向者の衝突という形で交渉が決裂してしまうケースが多々あると考えられます。実際、家庭内のモメゴトから国家間の戦争まで、配分型交渉(だと認識していること)が理由で、度胸試しのいざこざから、大紛争へと至ってしまう事例があるのです。

先ほどの喩え話で扱ったような「降って沸いたカネ」であれば、少しでもいいからもらっておこうという気になるでしょうが、たとえば、お気に入りの骨董品の売買交渉、離婚に伴う子供の親権交渉、空港を整備するか、しないかの交渉、であったとしたらどうでしょう。そう簡単には妥協できそうにはありません。

では、このような、交渉の行き詰まりには、どのように対応すればいいのでしょうか。次節にて、ひとつの対処策として、「統合型交渉」を説明します。

3 統合型交渉

前節にて、配分型交渉の問題点はおおむね理解していただけたと思います。ここでもう一度、配分型交渉の事例をみてみましょう。

†価格だけに着目した交渉（配分型交渉）

Ａ社（発注元）はＢ社（下請け）にある部品を製造してもらおうと、契約の交渉に出向いていきました。部品の仕様が固まり、いざ価格交渉に進もうというところから、この交渉は始まります。

Ａ社 では、単価一〇〇円で、納品時に一括支払いということで。
Ｂ社 そんなの無理ですよぉ、だんなぁ。うちはいつも二〇〇円で請けてきたし、急に言われてもねぇ。

A社　そんなこと言われましても、一〇〇円以上は無理ですよ。景気も悪いし、上司に強く言われていますのでね。

B社　おれだってぇ意地がある。二〇〇円以上出さねぇんだったら、お宅とは縁切らせてもらいたいねぇ。

A社　そちらがそのようなおつもりでしたら、結構です。どうぞ、勝手にしてくださいッ。

B社　ああ、勝手にすらぁ。出てぇけ、出てぇけ。カァちゃん、塩撒いといてくれぇ。

と、まあ展開が少し早いですが、こんなケンカになってしまうこともあるかもしれません。彼らの反省の弁を聞いてみましょう。

A社　いや、B社さんは他のどこの下請けさんよりもいいもの出してくれるんですよ。実はもうちょっと金額を出してもよかったんだけどね、こっちも意地になっちゃって。二〇〇円は無理だけど、条件によっては一八〇円くらいまではいけたかもしれないけど、まず無理でしょう。超特急でやってもわらなきゃいけない仕事なので、B社さんの忙しさじゃ無理でしょうね……。

B社　あいつさぁ、一〇〇円なんて馬鹿にした数字出すからいけねぇんだよ。最近景気悪いしさぁ、最低でも一五〇円出してもらわなきゃ、うち大赤字でつぶれちゃうんだよなぁ。実はあまり仕事なくてさ、カネさえもらえりゃ、すぐにでも納品できたのによぉ。なんでもいいから仕事請けりゃいいのに、ってカァちゃんには怒られっぱなしでよぉ……。

ここで、ケンカの内容と彼らの独白の間に違いが存在することに気がつきましたか。ケンカでは、値段のことばかり話題になっていますが、本音では、A社は納期のことをかなり気にしている様子です。A社は一〇〇円という数字に縛られてしまって、納期のことを切り出すのを忘れてしまったみたいです。B社も、どうやらA社の希望する納期までに出荷できたみたいです。

†価格以外の条件（納期）まで幅を広げた交渉

もし、A社が納期のことを切り出していたらどうなっていたでしょうか。「もしも……だったら」のストーリーを見てみましょう。

A社　では、単価一〇〇円で、納品時に一括支払いということで。

B社　そんなの無理ですよぉ、だんなぁ。うちはいつも二〇〇円で請けてきたし、急に言われてもねぇ。

A社　うーん、実はちょっと急ぎの仕事なんですよね。納期次第では考えさせていただきますが。最近B社さん忙しそうですから。

B社　一〇〇円ってぇのは話になんねぇけどよ。

A社　ええ、わかりました。いつごろまでに納めていただけますか。

B社　そうだなぁ、すぐってわけにはいかねぇけど、八月ってとこかな。

A社　でしたら、一四〇円まで出せますかねぇ……。

B社　そら無理だ。

A社　では、もう少し早くしてもらえませんか。

B社　わかったよぉ、仕方ねぇなぁ、七月半ばでどうだ。これ以上は無理、お願い。

A社　そうですか、一七〇円まで出しましょう。これ、他の人には内緒ですよ。でも、七月ですと助かります。

B社　仕方ねぇなぁ、ま、やってやるよ。

A社　じゃ、単価一七〇円で、納期七月半ばってことで。
B社　おお、まかせとけぇ。カァちゃん、祝杯でぇ！

このような形でA社、B社ともにハッピーな結末を迎えられたかもしれません。現実はそんなには甘くない、とおっしゃる方も多いでしょう。確かにそうです。この交渉にだっていくらでも落とし穴はあります。A社は本当に一七〇円で採算に合うのか、B社が納期に間に合わなかったらどうするか、他にもいろいろ考えなければならないことはあります。しかし、A社が納期という交渉事項を増やしたことが、その後の会話の流れを大きく変えたことは、納得していただけると思います。

†配分型交渉と統合型交渉

ある一つの条件にだけ着目すると、「奪い合い」や「度胸試し」といった形で交渉が進行してしまい、結果として、交渉決裂の危険がきわめて高くなります。これが配分型交渉の問題です。また、感情的なしこりを将来に残す危険もあります。「喧嘩別れ」で交渉が決裂してしまうと、その後、いかにお互いにメリットがあるような交渉の機会が訪れたとしても、感情的なしこりが理由で、交渉は始まりません。では、どのように配分型交渉の問題を解決すればいいのでしょうか？

解決策は、配分型交渉から統合型交渉への転換です。統合型交渉とは、英語の integrative bargaining の訳語ですが、具体的には、二つ以上の取引材料について同時に話し合うことです。先ほどの価格交渉の事例でも、価格に加えて、納期が交渉事項として新たに加わったことで、配分型交渉から統合型交渉へと変化しました。つまり、統合型交渉への転換の鍵は、交渉事項（イシューとも呼ばれます）を増やすことにあります。

†交渉事項の重みづけが異なると、取引できる

ここで「納期」と「単価」という二つの交渉事項の関係はどうなっているでしょうか。A社は単価よりは、納期のほうを重視しています。B社のほうは、納期よりも単価のことを気にしています。つまり、A社とB社では二つの交渉事項の相対的な重みづけが異なっています。A社は「納期」＞「単価」で、B社は「納期」＜「単価」となっていて、これが、統合型交渉が成功した理由です。

もし、A社に別の事情があって、納期は一〇月でもよいから、とにかく単価を安くという方針が決められていたら、やはりこの交渉は決裂していたかもしれません。A社もB社も「納期」＜「単価」では、交換取引ができず、「単価」についての配分型交渉になって

しまいます。合意のチャンスを高めるためには、A社とB社の間で異なる重みづけをしている交渉事項を新たに探し出して、統合型交渉に転換する必要があります。

原則として、当事者が異なる相対的重みづけをしている交渉事項を、交渉に持ち込むことにより（これが統合の意味です）、合意を見つけていこう、というのが統合型交渉の考え方です。経済学では、これをパレート改善の考え方と言います。価値の異なるものを交渉相手と交換することで、各人の効用を高める、という原理は統合型交渉の根幹を成しています。

経済学を専攻された方は、そんなこと百年以上も前から知られていることなのに、なぜいまさら交渉学という新たな呼び名で蒸し返しているのか、と思われるでしょうが、交渉の多くが統合型になっていないのが現実です。先ほど例示したようなケンカ、よくありますよね。われわれが日常頻繁に行っている、交渉という活動の中で、どのようにパレート改善の思想を適用できるのか、それを実践的に説明したのが統合型交渉という考え方だといえるでしょう。

4　利害と立場

複数の条件を取引すれば合意に至りやすいとはいえ、どのような条件であれば取引がうまくいくのでしょうか。逆に、どのような条件は取引ができないのでしょうか。こんな昔話を考えてみてください。

あなたはオニギリを持って山の中を歩いていました。すると、ある子供が「パンをください」と話しかけてきました。あなたは「パンは持ってないよ。ゴメンね」と答えて、通り過ぎました。その子はお腹が空いているようでしたが、あいにくパンは持っていないので、どうしようもありませんでした。

歩き続けていると、また別の子供がやってきました。「どうしたんだい」と問いかけると、その子は「昨日から何も食べていなくて、お腹がペコペコなんです」と答えました。そこであなたは「オニギリをあげよう」と持っていたオニギリを差し出しました。その子は喜んでオニギリを食べました。

最初の子供はお腹が空いていたのに、「パンがほしい」と言ってしまったがために、何も貰うことができませんでした。二番目の子供は、「お腹が空いている」と言ったがために、オニギリを貰って、空腹を満たすことができました。

交渉学を世に広めることになったフィッシャーとユーリーのベストセラー、『ハーバード流交渉術』に示されている重要な教訓の一つとして、立場（position）と利害（interest）の区別が挙げられます。立場とは、それぞれの交渉当事者が望んでいる結論、利害とはその主張の背景にある理由です。先ほどの例で言えば、「パンがほしい」が立場で、「お腹が空いている」が利害です。当たり前のことですが、「お腹が空いている」から「パンがほしい」のです。なぜこのような区別が重要な示唆だと言えるのでしょうか。

†立場に基づく対立から、利害に着目した合意へ

一人目の子供にオニギリを与えられなかったのは、その子が言った「パン」という発言に気を取られ、「自分はパンを持っているか？　どこかにパンはないか？」という形で、「パン」にとらわれた思考をしてしまい、「オニギリ」のことを忘れてしまったからです。「お腹を満たすために何か食べ物がほしい」という子供の利害を理解できてはじめて、「パンはないけど、オニギリをあげよう」という発想が起きるのです。

冒頭で紹介した、メアリー・パーカー・フォレットのハーバード大学での体験談を思い出してください。「窓を開ける」や「窓を閉める」は立場です。また、「空気を入れ替えたい」や「北風に当たりたくない」は利害です。ここでお気づきになった方も多いと思いますが、立場だけ主張し合っていてもなかなか合意に至りません。しかし、その背景にある利害に着目すれば簡単に合意に至ることができる場合もある、ということをフォレット女史は伝えようとしています。ちなみに、図書館でのエピソードを掲載した論文(一九二五年初出)では、欲望(desire)という言葉を使って、現在の交渉学で言うところの、利害に注目する必要性について説明しています。

交渉学では、立場と利害を明確に区別した上で、利害のほうに着目することで、お互い満足のいく合意条件を見つけることを重視しています。真っ向から立場が衝突している配分型交渉でも、利害に着目することで、背後にある利害の「ずれ」を見つけ出せれば、統合型交渉に転換できます。メアリー・パーカー・フォレットの例で言えば、「窓の開け閉め」という立場だけで議論していては、ゼロ・サムの配分型交渉になってしまいます。実は、まったく異なる利害を持っている、ということをお互いに理解することで、はじめて「隣の部屋の窓を開ける」という解決策が見つかり、合意に至ることができたわけです。

当然、あえて立場ばかりを主張して、交渉の時間を引き延ばしたり、本当の利害を隠しておくことで、相手から譲歩を少しずつ引き出したりする、といった戦術も実際にはあるのですが、これらはあくまで小手先の戦術であって、交渉の本質が利害の取引に基づくものでなければ、合意に至る可能性は大きく狭められます。

†利害による中東戦争の解決

この考え方を外交に適用した事例として有名なのが、中東戦争に関するジミー・カーター米国大統領による調停で、『ハーバード流交渉術』に詳述されています。イスラエルとエジプトの間に横たわるシナイ半島は、両国の緊張関係の板挟みにあり、エジプトによる侵攻を恐れたイスラエルは、一九六七年に当初エジプト領地であったシナイ半島を侵攻しました。これが契機で第三次中東戦争に発展し、石油危機など世界情勢にも影響を与え始めます。

事態を問題視した米国のカーター大統領は、エジプトとイスラエル、それぞれの国家の「利害」に着目しました。イスラエルは、イスラエル本土へのエジプトによる攻撃を恐れているのであり、シナイ半島自体への利害は薄い。しかし、エジプトは、古代からシナイ半島を治めており、イスラエル侵攻よりもむしろ、シナイ半島を領有すること自体に利害がありました。

そこで、利害に着目した交渉を両国にさせようと、カーター大統領が間に入って調停した結果、シナイ半島はエジプトの領地としつつ、イスラエルが安心できるように国境地帯の軍備については制限を課す、という合意が成立し、その後中東戦争が終結しました（キャンプ・デービッド合意）。

両国とも立場は「シナイ半島は自分のもの」であったため、一見合意は成立し得ないように見えますが、その裏にある利害をよく考えてみると、全く異なっていて、それぞれを満足させる取引により、交渉が成立することを実証した事例です。

ちなみに、当時のエジプト、イスラエル両国の大統領は、この功績から一九七八年にノーベル平和賞を受賞しています。また、カーター大統領も、その後の同様の功績から二〇〇二年にノーベル平和賞を受賞し、現在では自らの名を冠した「カーター・センター」を地元ジョージア州アトランタに設置し、世界各地の紛争の解決のために、交渉と調停による和平を模索しています。

このように「利害」と「立場」の区別は、図書館での窓の開け閉めについてのモメゴトから、中東地域の国際紛争にまで、さまざまな形で適用することができるのです。一見、宗教や歴史など原理原則に基づく争いのように見えたとしても、「立場」と「利害」を区別することで、交渉と合意による共生の可能性が、大きく高まります。

あなたも、身の回りの論争や、ニュースで報じられている政争を一つピックアップして、対立する「立場」と、背後にある「利害」について、少し頭の中で整理してみてください。立場にとらわれずに、クリエイティブな利害の取引を見つけられれば、論争の解決策が意外と簡単に見えてくるはずです。

5　交渉とコミュニケーションと社会運動

†交渉とは利害調整のこと

ここまでの話で、交渉とは何か、なんとなく理解していただけたかと思います。ひとことで言ってしまうと、本書で扱う交渉とは、利害調整です。つまり、お互いが主張している表面的な立場はともかく、その背後にある利害に着目して、それぞれの利害を満足させる取り決めを模索する行為が、交渉なのです。交渉のための話し合いでは、いろいろなメッセージが交わされるかもしれませんが、交渉学で究極的に重視されるポイントは、状況に応じてどのような言葉を選ぶかではなく、交渉の結果が当事者の利害を満足させるかどうかです。もちろん、言葉の選び方といったコミュニケーションの問題についても、交渉学で全く扱わないわけではないのですが、関心の主眼ではありません。

†コミュニケーションは交渉の一つの側面

ここで、交渉ではないものを明確にすることで、交渉学で扱う交渉について、より具体的に定義してみましょう。まず、人と人の間のありとあらゆるコミュニケーションについてまで、交渉学では扱いきれません。

たとえば、挨拶の仕方、名刺交換、服装、説明の仕方、しぐさといったポイントも、交渉の結果にある程度は影響するでしょう。しかし、これらのコミュニケーションに関わる問題は、利害を満足させる取り決めを交わそうという交渉に限らず、テレビ報道のように事実を説明するという一方的な情報の伝達や、政治的プロパガンダや宗教のように特定の行動へと大衆を誘導しようとする行為にも関係しています。ですから、コミュニケーションに関する学問は、交渉学よりも応用範囲が広いと言えます。

しかし、ここで誤解しないでほしいことは、交渉とコミュニケーションという行為は全く同じではないという点です。交渉の本質は利害調整ですが、コミュニケーションは情報の伝達こそがその本質です。コミュニケーションは交渉の一つの要素でしかありません。交渉が本当に上手な人は、コミュニケーションも上手でしょうが、コミュニケーションが上手な人は交渉が上手かといえば、そうとは限りません。

なぜここまでクドく説明するかといえば、世に出回っている交渉術の書籍の多くが、コミュニケーションの問題にしか触れておらず、利害調整についてまで十分に言及していないことを、私が問題視しているからです。コミュニケーションに関する小手先のテクニックだけで、あなたの交渉が劇的に改善することはまずないでしょう。

†利害を定義する価値観・ルール

コミュニケーションが情報の伝達によって交渉を下支えしているとすれば、対極的に、よりメタな（上位の）レベルで交渉を定義しているのが、社会運動、宗教活動、マーケティングなど、価値観や社会のルールを形成する多様な活動です。利害の背後には何らかの価値観があります。

たとえば、あるOLさんが、「ルイ・ヴィトンのバッグがほしい（他社のバッグでは不満）」という利害を持っているとすれば、街中の広告、女性誌、クチコミといったコミュニケーションを通じて得た情報によって、彼女の中に形成された「ルイ・ヴィトン」に関する価値観が、その利害を突き動かしていると考えられます。法や社会的な規範が特定の行動を禁じたり、勧奨したりすることも、人々の利害に影響を与えます。

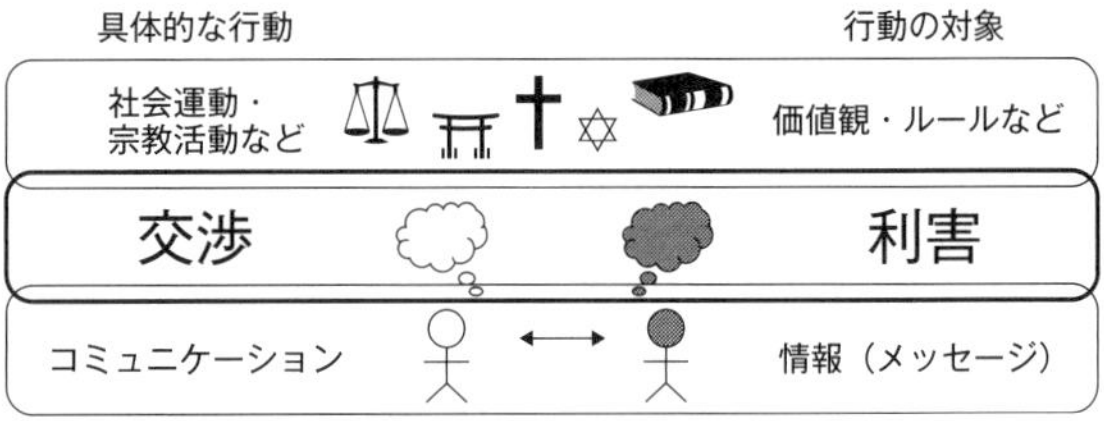

交渉の位置づけ

交渉は、異なる利害を所与の条件として、それぞれの利害を満足させる合理的な共存策を導き出す行為であって、交渉当事者の利害そのものは不変という想定で行います。しかし実際には、ブランドの流行りすたりがあることでわかるように、利害を定義する価値観やルールは、多様な活動の影響を受けながら、時代とともに、次第に変化していくものです。本書の第5章で注目する社会運動は、特に社会的合意形成において影響力を持つ、特定の価値観を広めようとする活動です。しかし、そのような活動は、交渉ではありません。

社会運動とコミュニケーションの間にある交渉

これまでみてきたように、交渉は、社会運動をはじめとする価値観やルールを形成する活動と、情報伝達のコミュニケーションとの間に位置します。このように中間的な位置づけにあるがゆえに、交渉の重要性がこれまで見落とされてきたように私は思います。実際、書店のビジネス書コーナーを見渡してみても、経済・社会や人生のあるべき姿といった、価値観を論じた書籍や、対極的に、話し方や情報整理術、プレゼンテーションなどコミュニケーションの実用的手法を開陳する書物ばかり並んではいないでしょうか。これから述べていく、利害調整としての交渉について、もう少し関心が高まれば、社会のいろいろな問題が、ずっと効率的に解決されるはずです。

第２章

交渉のための実践的方法論

第1章では、交渉そのものの本質についてお話してきましたが、第2章では、交渉を客観的に分析するために、知っておかなければならない、BATNA、ZOPA、そしてパレート改善という三つの視点を導入した上で、交渉の具体的な進め方について紹介します。本章を理解すれば、あなたの個人的な問題から社会問題まで、何が交渉の本質的問題なのかを冷静に把握することができるでしょう。

1 BATNA（不調時代替案）

†BATNAの見つけ方

交渉学の重要な知見としてBATNA（「バトナ」と読みます）というものが存在します。これはBest Alternative To a Negotiated Agreement の頭文字略で、交渉が決裂したときの対処策として最も良い対策案を意味します。日本語版『ハーバード流交渉術』では不調時代替案と訳されているようですが、BATNAという言葉も日本で広まりつつあるようですので、本書ではそのままBATNAとしておきます。

交渉学では、相手と顔を合わせて交渉を始める前に、自分のBATNAを知ることを重視しています。これだけでは、まだ漠然としていますね。では、BATNAって実際どんなものなのか、具体的な例で考えてみましょう。

いま、あなたはインターネットで知り合いになった佐藤さんから、F社のパソコンBを一台買おうとしています。そのパソコンの性能については、佐藤さんや他の信頼できる情報源から十分な情報を得ることができました。これから値段について交渉しようというところです。

さて、この状況であなたのBATNAは何でしょうか。交渉が決裂したときの対処策、すなわち、佐藤さんから買わないときの最善の対処策がBATNAです。当然、対処策はいくつでも考えられますが、たとえば次のようなものが考えられるでしょう。

a　同じ性能のパソコンを電器店で買う
b　同じ性能のパソコンを売ってくれる友人を探して買う
c　同じ性能のパソコンをインターネットオークションで買う

他にも対策案はいくらでも考えられます。端的に言えば、他の手段で同じ性能を持ったパソコンを買うということです。考えられる複数の対策案の中で、最もあなたにとってよい結果をもたらすもの（この場合は最も安く買える案）がBATNAになります。

BATNAが具体的であればあるほど効果的だと言われています。たとえば、同じような性能を持ったパソコンを電器店で購入するとして、どのメーカーがどのような機種を販売していて、それぞれの機種が、どのお店でいくらで売られているかを十分に調べた上で、一番条件のよいものを選ぶのです。今回は、

ほぼ同じ性能のN社のパソコンLを、I電器店から一〇万円で買う

をBATNAとして選んだとしましょう。

†BATNAの使い方

なぜ、あなたが佐藤さんからパソコンBを購入する前に、あなたのBATNAを理解しておかなければならないのでしょうか。それはBATNAが、佐藤さんとの交渉を決裂さ

せるための条件だからです。もし、佐藤さんが、一〇万円よりも安い価格を絶対に提示しないのであれば、佐藤さんとの交渉を止めて、I電器店に行ってパソコンLを一〇万円で購入することが、あなたにとって合理的な選択です。当然、交渉には駆け引きがありますから、佐藤さんの最初のオファーが一〇万円より高かったとしても、すぐに交渉を決裂させて、I電器店に行く必要はありません。むしろ、あなたが佐藤さんとの交渉を進める上で、一〇万円という値段がひとつの基準になるのです。

正確なBATNAを見つけるためには、かなりの情報収集が必要になります。パソコンのような広く世に出回っている耐久消費財であれば、広告チラシや価格.comで調べれば、市場価格の見当はおおむねつくでしょう。しかし、たとえば不動産の取引や、コンサルタントとの契約などでは、同じ性能を持つ物件やコンサルタントを見つけることが容易ではないので、価格だけではなく、他の条件も考慮してBATNAを考える必要がありま す。まずはできる限り多くの情報を集めて暫定的なBATNAを設定し、交渉をしている途中でも常によりよい条件のBATNAを継続的に探していく、というのが現実的な方法論だと思われます。

†BATNAのメリット

では、自分のBATNAを認識していると、交渉において、どういう具体的なメリットがあるのでしょうか。

【心の余裕ができる】

交渉が決裂してもBATNAを実行すればいいのだと思っていれば、無理に交渉をまとめようとか、決裂したらどうしようとかいう心配がなくなります。つまり不安が解消されるのです。

逆に、交渉で一番恐ろしい問題が「コミットメント(執着)」と呼ばれる現象です。社会心理学の実験でも経済学の理論でも証明されていますが、人間は何かを始めるとそれに執着する傾向があります。ある交渉をいったん始めてしまうと、途中で止めたいと思っても、その交渉を選んだ過去の自分を否定したくないという気持ちから、またそれまでに費やした時間と労力を失うことをおそれて、ロクな交渉結果にならないにもかかわらず、交渉を止められないことが、よくあります。そして泥沼にどんどんハマっていってしまうのです。

交渉に対する執着心に左右されずに、交渉のメリットとデメリットを、冷静に判断するためにも、事前に認識したＢＡＴＮＡを判断基準に、いつでも交渉を止められるようにしておくことが、適正な合意条件を獲得する上で重要です。

【自分が損をする交渉結果には絶対にならない】

いくら交渉しても、ＢＡＴＮＡより悪い条件しか相手から引き出せないのであれば、実はそもそも合意する可能性がもともとない交渉だったのかもしれません（このことは後で「合意可能領域」に絡めてより詳しく説明します）。もしあなたがＢＡＴＮＡよりも悪い条件で交渉に合意してしまったら、あなたはその交渉で損をしたことになります。なぜなら、交渉を決裂させてＢＡＴＮＡを選択したほうが、より満足度の高い結果を獲得できていたからです。つまり、ＢＡＴＮＡより悪い条件を呑むことで、機会損失が発生しています。

ＢＡＴＮＡよりもよい条件で合意すれば、自分の当初の希望が一〇〇パーセント叶えられなかったとしても、そのような機会損失は発生しません。ですから、ＢＡＴＮＡを基準にして交渉していれば、絶対に自分が「損」をする交渉結果にはならないのです。

【交渉力になる】

単純に、交渉力とはBATNAの強さである、とまで言っている人もいます。あなたにとって、いかに条件のいいBATNAを知っているかが、交渉の鍵です。先ほどのパソコン購入の事例で言えば、同性能のパソコンを安く購入する方法をほとんど知らない、つまり、条件のよいBATNAをあなたが知らなければ、交渉相手の佐藤さんに高値で売りつけられてしまうでしょう。逆に、他の場所で安く購入する方法をあなたが知っていそうだ、と佐藤さんが思っていたら、交渉を破談にされて他の店に行ってしまうのではないかという不安から、佐藤さんは、あなたにとってよい条件を最初から提示してくる可能性が高いでしょう。

†BATNAは、絶対に相手に教えない

ただし、あなたの交渉相手に、自分のBATNAの内容を教えてはなりません。先ほどの例で言えば、交渉相手の佐藤さんに、

いや実はね、似たような性能のN社のパソコンLがI電器店で、一〇万円で売ってたんですよ。たぶんI電器よりも安く買えるところはないでしょうね。

と自分のＢＡＴＮＡをあなたが暴露してしまったとしましょう。すると佐藤さんは、

じゃあ少し安くして、九万八〇〇〇円で売ってあげるよ。

などと言ってくるでしょう。でも、実際のところ、佐藤さんは五万円で売るつもりだったかもしれません。この時点であなたが「もっと安くしてくださいよ！」とお願いしても、もう後の祭りです。「じゃあ、Ｉ電器店で一〇万円で買ったらどうですか」なんて言われるでしょう。もしその後、他の店で同じパソコンが八万円で売っていることがわかれば、再交渉で七万八〇〇〇円くらいまで落とせるかもしれません。しかし、当初の五万円まで譲歩を求めるのは最早至難の業でしょう。

逆に、相手のＢＡＴＮＡを知ってしまえば、こちらにとっていい条件を要求できます。たとえば、佐藤さんがあなたに売ろうとしているパソコンの中古下取り価格が、最高でも四万円だという情報を得ていれば、「四万五〇〇〇円で買ってあげましょう」というきわどいオファーをあなたが出せるわけです。佐藤さんとしては下取りに出すより高いのだから得だし、あなたにとっても他の店で買うよりはかなり安く買えるのです。お互い、ＢＡ

TNAよりもよい条件で売買できているので、「損」はしていません。お互いのBATNAの間で、どこで手を打つか、ということが駆け引きの対象になります。

†交渉におけるBATNAの利用法

実際、読者のみなさんも、複数の交渉相手と同時並行で交渉する機会も多いと思います。たとえば、何らかの事業について外部委託業者を交渉で選ぶのであれば、委託業者を複数呼んで、相見積を取得したり、他社の見積額を示唆して脅すことで、よりよい条件を引き出そうとしたりすることがありませんか。

また、マイホームを購入する場合、いきなり一つの物件を見て「これだっ！」と決めることは余程の金持ちでもない限りは稀なことで、複数の物件を見て品定めして、比較しながら物件を決めるものです。航空券の購入でも、航空会社と価格交渉することはないとしても、複数の航空会社が提示する料金を見比べて、条件がほぼ同じであれば一番安い会社から購入する、というのが一般的な行動だと思います。

これらも、あなたがこれまで無意識に行ってきた「BATNA探し」だと言えます。業者への委託の例で言えば、ある特定の業者と価格交渉をしているとき、その交渉におけるあなたのBATNAは、他の業者のうち最もよい条件をオファーしてくれている業者との契約です。

　単純な例で考えてみましょう。いま、あなたはA社、B社、C社と取引の交渉を同時並行で進めていて、いまのところA社が一番よい条件を提示してきています。さて、いま、C社からよりよい条件を引き出すために、交渉を再開するところだと想像してみてください。ここで、あなたにとってのBATNAは、A社を選ぶことです。つまり、C社との交渉の目標は、A社よりもよい条件を引き出すことです。もし、C社との交渉によって、A社よりもよい条件が得られないのであれば、C社との交渉は破談にして、A社を選ぶことがあなたにとっての合理的選択です。

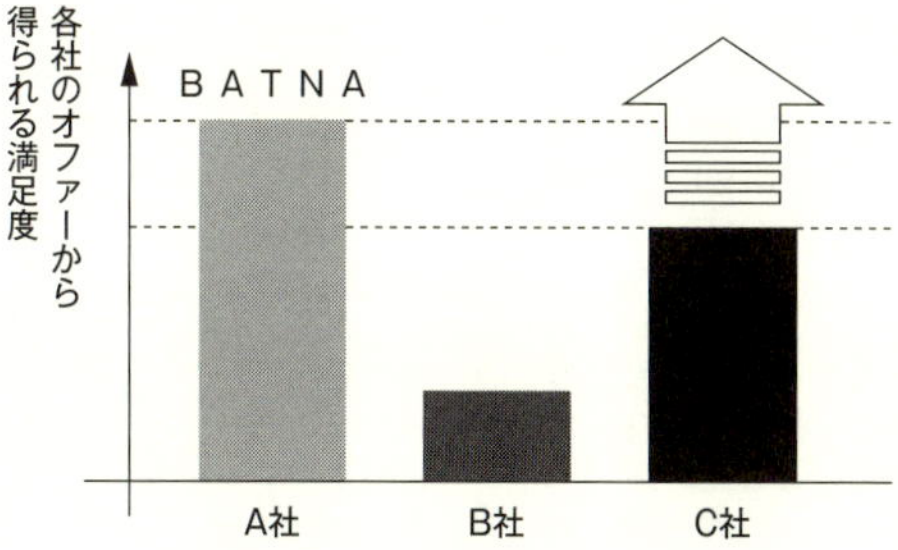

交渉における代替案とBATNA

　いまの話を図に表すと、上のようになります。図示してしまうと、きわめて単純な話だと思われるでしょう。C社との交渉の目標は、A社の条件を上回る条件を引き出すことになります。当たり前のことですが、このように頭の中で複数の棒グラフを描きながら交渉すること、これがBATNAを正しく理解して機会損失を避けるコツだと言えます。

†BATNAの強さと交渉力

ＢＡＴＮＡの条件がよければよいほど、交渉力が強いと言われていますが、ここでもう少し深く考えてみましょう。たとえば、不景気のときに、派遣労働者が契約更新の交渉を行うとしたら、往々にして、以前よりも悪い条件を受け入れなければならないものです。売りさばけない在庫を大量に抱えてしまった卸業者は、キャッシュフローの関係で、どうしても現金が必要であれば、原価割れであっても安値で売らざるを得ないでしょう。

このような不幸な派遣労働者や卸業者であっても、条件のよいＢＡＴＮＡがあれば、交渉で挽回することができるかもしれません。派遣労働者も、別の会社からよい条件が提示されていれば、そして、卸業者も、大量注文をしてくれそうな買い手がいれば、悪い条件で交渉を妥結する必要はありません。

これらの事例でわかるとおり、交渉力は、ＢＡＴＮＡの条件のよさと同時に、現実的なＢＡＴＮＡを容易にみつけられるかどうか、でも決まります。派遣労働者も、景気がとてもよければ、別の会社からどのような勤務条件を得られるかが不透明であったとしても、再就職先は容易に見つかるので、交渉力は強いといえるでしょう。逆に、景気がドン底であれば、再就職できないリスクがとても大きく、結果として、交渉力は弱くなってしまいがちです。

では、交渉の当事者として、われわれは何ができるでしょうか。不景気だからといってあきらめなければならないのでしょうか。そんなことはありません。まともなBATNAをすぐに見つけられる能力も交渉力です。そのためには、普段から常に、業界などの情報に敏感であるとともに、人づき合いのネットワークを着実に広げておくことが重要です。顔が広い人がビジネスで成功を収められるのは、単に愛想がよくて人に好かれるからではなく、何か不利な状況に陥ったとしても、すぐに適切なBATNAを見つけられる交渉力を持っているからなのです。

2 ZOPA（合意可能領域）

あと少しで、交渉学のイロハはマスターできますので、もう少しおつきあいください。いまBATNAの話をしたところですが、BATNAはあくまで自分が交渉で損をしないための一つの基準です。今度は一歩、客観的な立場に下がって、あなた自身ではなく、誰か二人が交渉している場面の分析にトライしてみましょう。

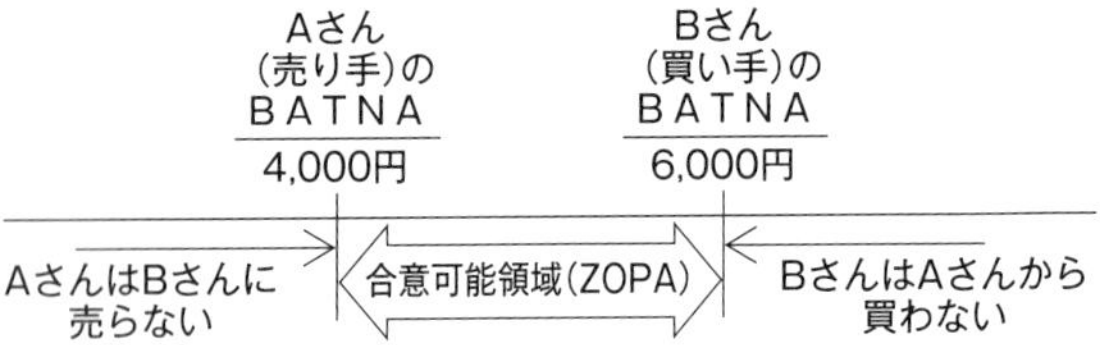

まず単純な例を考えてみます。Aさん(売り手)、Bさん(買い手)の二人はこれから、ある商品の売買価格について交渉をするところです。この二人の間には何の人間関係もなく、Aさんはできる限り高い価格で売りたい、Bさんはできる限り安い価格で買いたいと思っています。その他に何の利害関心もありません。

ここで、AさんのBATNAは四〇〇〇円、BさんのBATNAは六〇〇〇円だとします。BATNAのことをよく思い起こしてほしいのですが、交渉学の教えにしたがって合理的に行動するのであれば、この二人がBATNAより悪い条件を受け入れることはありえません。よって、Aさんは四〇〇〇円以下の値段でBさんには売ることはありませんし、Bさんは六〇〇〇円以上の値段でAさんからこの商品を買うことはありません。

これを図示してみると、上のようになります。

ZOPAなくして交渉の意味なし

このような状況では、Aさん、Bさんには交渉をする意味があります。つまり、四〇〇〇円から六〇〇〇円の間で交渉が妥結すれば、お互いにBATNAよりもよい交渉結果を得られるのです。

このとき、四〇〇〇円から六〇〇〇円の間に存在する空間のことを、合意可能領域と言います。英語ではZone Of Possible Agreementと呼ばれ、その頭文字を取った略語ZOPA（「ゾーパ」と読みます）が一般的に用いられています。それにしてもBATNAといい、ZOPAといい、日本人にとっては何となく不思議な響きの略語が多いですね。

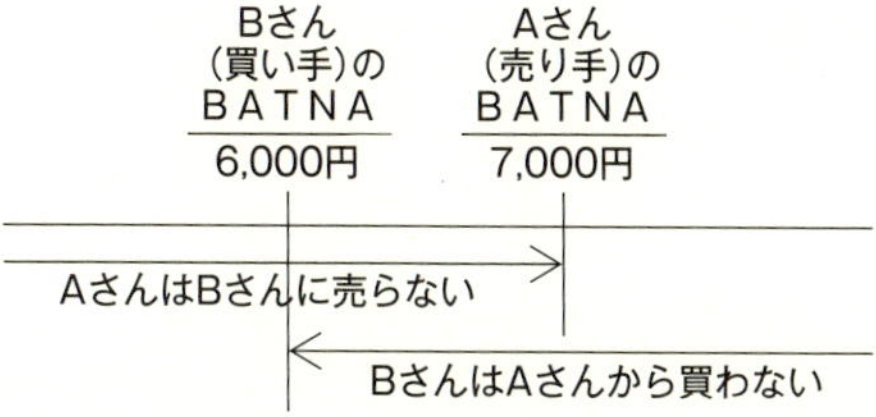

合意可能領域が存在すれば、交渉は成立する可能性があります。また、合意可能領域が広ければ広いほど、そのぶん、交渉が合意に達する可能性が高まります。しかし、BATNAの節で述べたとおり、それぞれの交渉人は自分のBATNAを改善しようと、情報収集をしたり、他の人たちに声をかけたりしますので、両者のBATNAが改善されるにつれ、合意可能領域は次第に狭まります。

ここでもし、Aさんが、この商品を「七〇〇〇円で買ってもいいよ」というCさんに出会ったとしましょう。すると、Aさん・

Bさんの間で行われている交渉については、AさんのBATNAが七〇〇〇〇円に上がります。なぜなら、AさんはBさんとの交渉が決裂したら、Cさんに七〇〇〇〇円でこの商品を売ることができるからです。こうなると、前ページの図でわかるように、合意可能領域が消滅します。つまり、Aさん、Bさんの間の交渉はどうやっても合意に達することがありません。万が一、AさんがBさんに六五〇〇〇円で売ることで合意してしまったら、AさんもBさんも、五〇〇〇円ずつ「損」をしたことになります。

†統合型交渉におけるZOPA

これまで、合意可能領域について、交渉事項が一つの、単純な「配分型交渉」を例にとって説明してきました。しかし、配分型交渉では、お互い満足できる合意条件を見つけられない可能性があります。一つの交渉事項に着目しただけでは、合意可能領域が存在しない可能性があるからです。では、二つ以上の交渉事項を含む統合型交渉の場合、どのようにしてこの合意可能領域を表現できるのでしょうか。

統合型交渉における合理的選択行動を考えるとき、一般的に、左の図のように縦軸にAさん、横軸にBさんの「満足度」をとった上で、次にBATNAがもたらす満足度を直線で表現します。満足度は「効用」という言い方もしますが、ここではわかりやすくするために満足度という言い方をします。

この図の中で合意可能領域はどこにあるかと言うと、それぞれのBATNAを示す直線より右上の領域になります。なぜかと言えば、AさんもBさんも、BATNAより悪い満足度をもたらすような合意条件には同意しない「はず」だからです。この図であれば、点

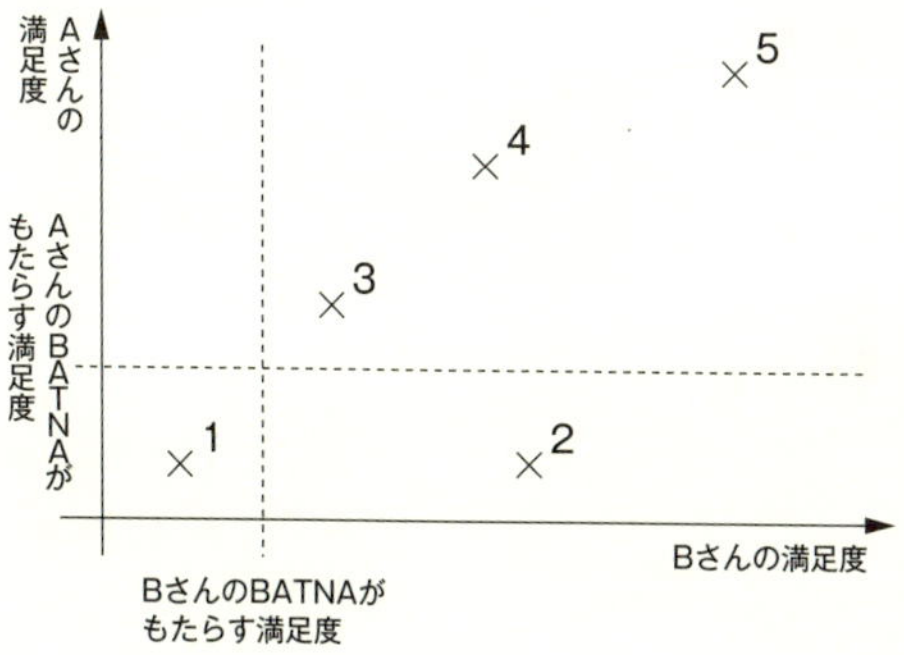

1で表現されるような取引の条件にはAさんもBさんも同意しません。なぜならどちらにとってもBATNAよりも悪い条件だからです。点2で表現される条件の場合、BさんにとってはBATNAよりも高い満足度をもたらすので、Bさんは同意します。しかしAさんは同意しません。点3〜5で表現されるような取引の条件であれば、Aさん、Bさんともに同意する可能性があります。

しかし、実際には、交渉取引には限界があります。なぜなら、交渉で相手に差し出す手持ちのお金や資源には限りがあるからです。たとえば不動産の売買交渉であれば、売り手の満足度は売買価格を高くすれば高くするほど向上しますが、買い手の持っている資金には限りがあ

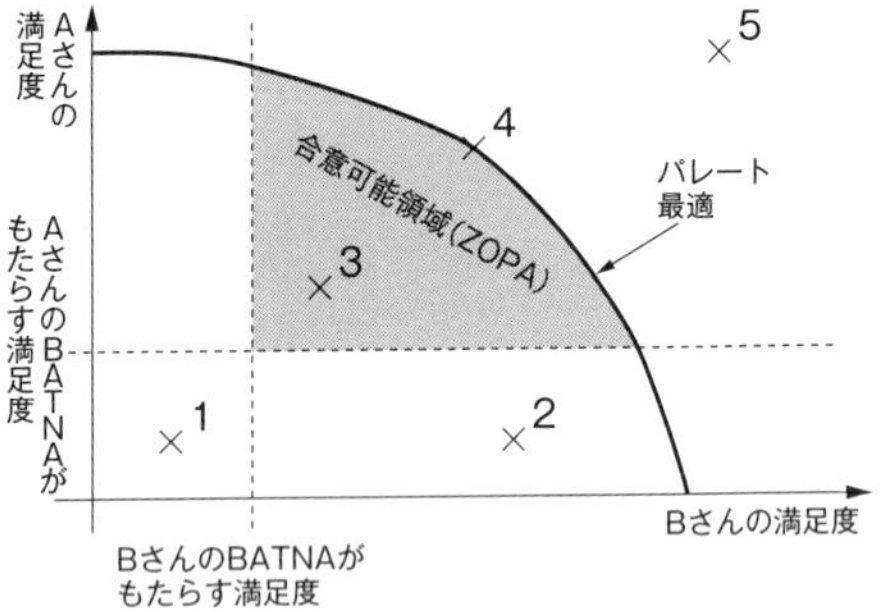

るので、交渉によって得られる売り手の満足度には限界があります。その結果「パレート最適（限界ともいう）」という制約条件を示す曲線が描かれます。

これは、イタリアの経済学者ヴィルフレド・パレート（一八四八〜一九二三）という人が発見したと言われる考え方で、端的に言えば交換取引により達成される満足度には限界があるということです。その限界点にある取引条件のことをパレート最適（Pareto optimal）、パレート最適により近い合意条件のことをパレート改善（Pareto superior）と呼んでいます。理論上、パレート最適よりもよい条件は存在しないので、合意可能領域はパレート最適を超えない領域に存在することになります。

先ほど用いた図にパレート最適を描きこんだものが、上の図です。この図は交渉学の教育で最も多用される図で、交渉学の多くの要素についてこの図で語ることができます。

今度は、点5が合意可能領域から外れてしまいました。点5を具体的な例で考えると、

Aさんは、ローンをどうやって組んでも最大二〇〇万円しか資金を確保できないのに、Bさんに五〇〇万円を支払う約束で、Bさんから高級車を購入する

という取引を意味します。つまり、現実にはありえない取引です。もし可能なら、両者に大きな満足度をもたらすのでしょうが、長期的視野で見れば起こりえないことです。なお、短期的視野で見ればAさんとBさんの間に「情報の非対称性」、すなわちBさんが、Aさんの財務状況を知らず、さらにお人好しなら、点5も可能だと言えるかもしれません。いわゆる「詐欺」です。しかし売り手のBさんが騙されたことに気づいた時点で、Bさんの満足度が大きく減少し、前ページの図中では、点5の位置から、BさんのBATNAよりも左側へと、大幅に移動するでしょう。

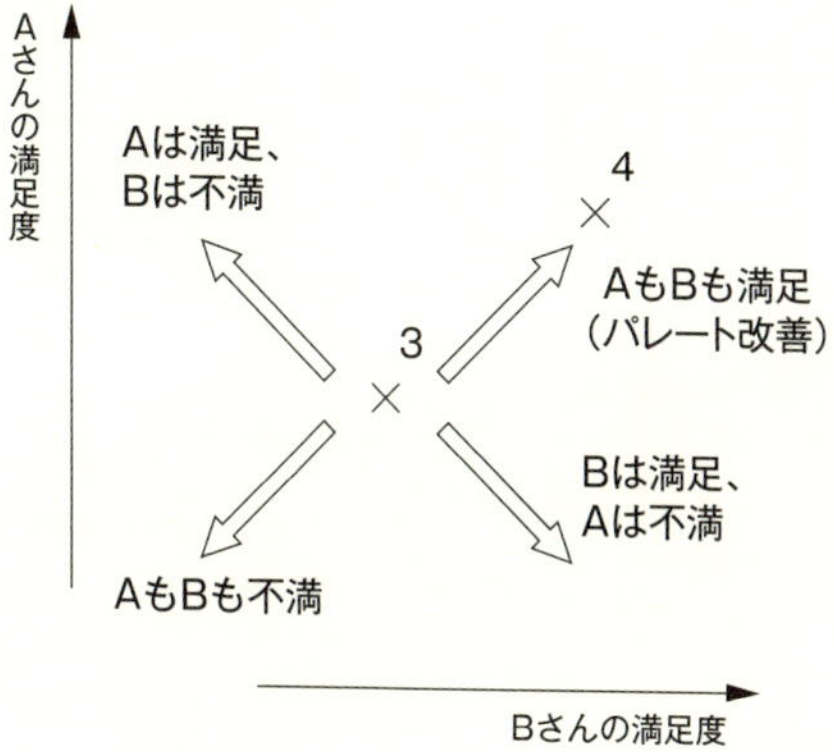

†目指すは「パレート最適」

交渉学では、パレート改善となる合意を探し続けることを強調しています。合意可能領域の中に両者が同意しうる合意条件は無数に存在しますが、前ページの図の点3、点4を比較して、どちらが、Aさん、Bさんにとって満足度の高いものでしょうか。当然、点4のほうが、Aさん、Bさんともにより高い満足度をもたらしてくれます。つまり、合意条件を図中の点として描いたときに、「右上」のほうにあればあるほど、お互いの満足度が高い条件です（点3に対して点4を「パレート改善である」と言います）。「左上」に進めばAが得してBが損をする、「右下」ならその逆ですが、「右上」ならお互い満足度がアップするので両者ともに文句はないでしょう。

合意可能領域の中で右上に進めるような取引を続けて、最終的にパレート最適に達するような合意条件を見つけられれば、お互いにとって最大限ハッピーな合意に達した（交渉事項を増やさない限り、それ以上合意条件を改善しようがない状態に至った）ことになります。この状態を最適性（optimality）と言います。

つまり、何らかの合意に達することも重要ではあるのですが、いったん合意に達したからといって、さらによい合意条件が存在しないというわけではありません。点3が見つかったからといって、満足してはもったいないのです。この暫定的な合意をきっかけとして、さらに両者にとって満足度の高い条件、すなわちより右上に位置づけられる条件が合意可能領域に存在するのであれば、交渉を続行してその条件を探し出す必要があるのです。

そこで、交渉学では「できる限り右上に進むこと」を強調しており、よく「北東に進む（go northeast）」と言います。もしパレート最適まで達しないところで交渉を止めてしまったら、それは「旅の途中」で、面倒だから交渉を止めたことになり、十分に最適化されていない状態で挫折したことになります（このような状態をsuboptimalと言います）。

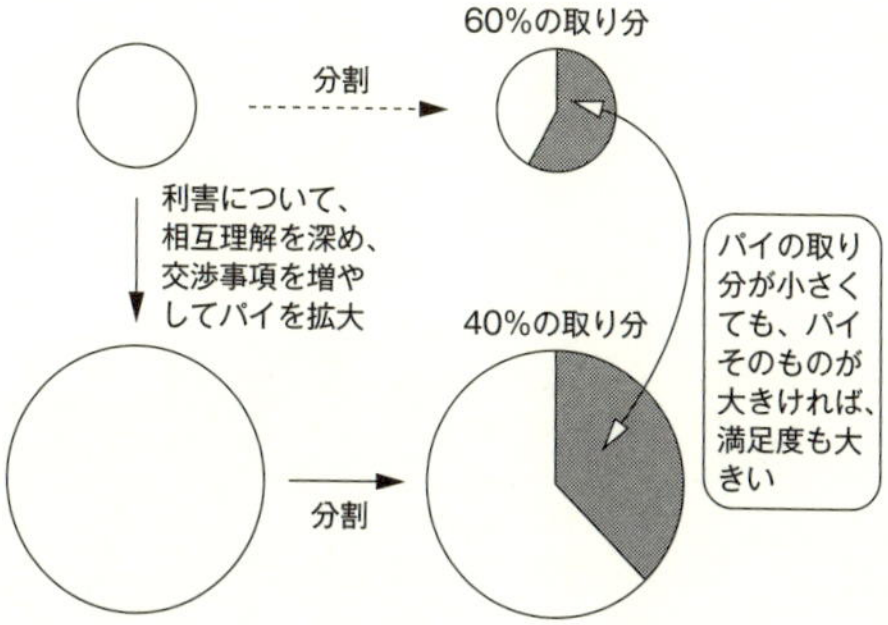

分割
60％の取り分
利害について、相互理解を深め、交渉事項を増やしてパイを拡大
パイの取り分が小さくても、パイそのものが大きければ、満足度も大きい
40％の取り分
分割

また、交渉の取引材料が増えれば、パレート最適の曲線は外側に拡大され、結果として合意可能領域は大きくなります。交渉事項を増やすというのは、統合的交渉の回で説明したように、交渉を通じて自分と相手が異なる価値づけをしている利害を見つけることです。よって、実際の交渉では、対話によって、新たな取引材料が加わっていくことにより、パレート最適の曲線は拡大するものなのです。

交渉の視点を広げることでパレート最適を拡大できないかどうかを検討する作業は、両者にとって利益がある作業ですから、競争ではなく、むしろ共同作業として考えたほうがよいでしょう。自分と相手の利害についてお互いの理解を深めることは、決して「損」にはなりません。むしろ、本当は何を欲しているのかをお互いが理解することで、取引の余地が広がるのです。この作業を「パイ（pie）を拡大する」と言います。

前ページの図を見ていただければ、直感的にわかると思いますが、お互いの利害を理解することでパイは大きくなるのですから、配分型交渉のように最初からパイを分割するのではなく、まずは取引材料を探してパイを大きくし、それから分割すれば、たとえパイの分け前は相手よりも小さかったとしても、配分型交渉で大きな分け前を獲得したときよりも、大きな満足度が得られるかもしれません。私の師匠であるマサチューセッツ工科大学のローレンス・サスカインド教授はよく、超最適性（super-optimality）と言って、所与の条件のもとでパレート最適を追い求めるだけではなく、まずは、パレート最適の可能性を拡大することの重要性を語っています。

3　交渉の進め方

いままで説明してきたことは、交渉について考えるための基本的な知識でした。では、実際にあなたが交渉を行うときには、これまでの知識をいかに活用すればよいでしょうか。ここで、交渉の具体的な進め方について説明しておきます。

†準備次第でどうにでもなる

本当に交渉上手な人は、説明や説得が上手なのではなく、事前に十二分に準備をしているから、いい条件を引き出せるのです。準備できるかどうかは、先天的な能力ではありません。むしろ、努力次第で誰でも交渉上手になれるのです。では、どういう準備が必要なのでしょうか。

交渉の準備にはいろいろな方法論があるのですが、ここでは比較的単純な方法をご紹介しましょう。

まず、白紙やホワイトボードに、次ページのような表を描いてみてください。そして、それぞれの欄を、できるだけ先入観にとらわれずに、埋めてみてください。

会社のようにグループとして検討する場合には、「ブレーンストーミング」というルールを使ってみましょう。参加者から出てきたアイディアは、無条件ですべてホワイトボードに書き込んでください。ブレーンストーミング中は、たとえ間違っていると思うアイディアが出てきても、他の人は絶対に批判してはいけません。特に役職が上の人ほど、部下の間違いを指摘したくなる衝動を抑えなければなりません。また、整理を容易にするために、アイディア一つ一つを付箋紙に書いて、貼り付けるという方法もあります（後で付箋紙の位置を動かして整理集約できます）。

表の中身ですが、まずは、自分の利害関心とBATNAを考えてみましょう。立場に固執するのではなく、「なぜそんな立場を主張するのか？」を繰り返し考えて、交渉を通じて実現したい欲求とは何かを、つきつめていきます。利害の数が多ければ多いほど、統合型交渉に持ち込める可能性が高まります。

BATNAについては、交渉案件の規模が大きければ大きいほど、調査が必要で、たとえば一回の会議では決まらないかもしれません。

	利害	BATNA
自分		
交渉相手		

交渉マトリックス

また、長いことつきあいのある交渉相手だと、「縁を切る」ことを前提とするBATNAなど、想像したくないかもしれませんが、ここはひとつ、冷静に考えてみましょう。企業であれば、現場レベルでは判断できないので、経営層まで巻き込んでBATNAを検討しなければならないこともあるでしょう。

相手の利害とＢＡＴＮＡも重要です。もちろん、これは推測でしか書き込むことができませんが、世間での噂、過去の取引など情報収集を綿密に行えば、いずれも、ある程度は推測できるでしょう。普段から情報収集をマメに行っている人、別の言い方をすれば、業界の事情通だったり、いろいろな人の本音をよく知っていたりする人は、この段階で能力を発揮します。

表の四つの空欄が埋まったら、自分と相手を比較してみます。まずは、利害の列をみて、取引できる利害がないか、考えてみましょう。一つの方法として、出てきた利害に優先順位をつけてみて、相手が重視していることがらを満足させてあげる代わりに、自分が重視していることがらを満足させてもらうようなバーター取引を具体的に想像してみましょう。この過程でも、先行事例にとらわれず、自分も相手も利害を満足できる条件を、クリエイティブに考える必要があります。

次に、ＢＡＴＮＡについても考えてみましょう。六一ページ以降で述べたように、お互いのＢＡＴＮＡの間に、ＺＯＰＡ（合意可能領域）があります。ＺＯＰＡの中で、どこを交渉の着地点とするか、ある程度見通しを立ててみましょう。もしあなたが、相手のＢＡＴＮＡを正確に理解できていれば、相手のＢＡＴＮＡに限りなく近い条件、すなわちあなたにとってベストの条件を、相手に呑ませることができるかもしれません。

この時点で、交渉しても意味がないことがわかるかもしれません。もし、相手のBATNAと、自分のBATNAを見比べてみて、ZOPAが存在しないのであれば、交渉しないほうが得策です。相手のBATNAも時間によって変わってくることもあります。もしかすると、いますぐ交渉を始めるのではなく、少し待って、相手のBATNAが悪くなってから、交渉を始めたほうがいいかもしれません。逆に、いますぐ交渉しないと、相手のBATNAがどんどんよくなって、こちらにとっていい条件が得られなくなるかもしれません。自分のBATNAも同様に、時間とともに変化するでしょうから、交渉開始のタイミングを上手にはかることも重要です。

†行き詰まりを打開する

まだ準備は続きます。実際によくあるケースですが、いくら交渉しても自分にとってよい条件を得られない、逆に条件は悪くなってきているということもあります。ここで自分と相手のBATNAを見比べてみて、単に自分が譲歩しすぎていた、ということがわかれば、次回以降の交渉で、条件の改善を求めればよいでしょう。これはまだある意味、幸せな状況です。自分のBATNAが本当に悪くなってきている、相手のBATNAが強くなってきている、という厳しい事態も考えられます。

たとえば、あなたが営業担当者で、何かを販売しようとしているとき、競合他社が同等品を安価で販売するようになれば、相手のBATNAが強くなっていると言えます。逆に、自分が販売している商品への需要が減って、お客さんが減っているのであれば、自分のBATNAが悪化していると言えます。このような状況で、何ができるでしょうか。

解決策は、自分のBATNAを改善するか、相手のBATNAを悪化させるかの、いずれかです。たとえば、営業担当者が、自分のBATNAを改善するためには、新たな販路を開拓すること、特に自分の売っているものを本当に必要としている顧客を見つけてくることが鍵でしょう。そのためには、普段からつきあいのある会社だけでなく、業界の動向について幅広く情報収集を心がけて新規顧客の開拓につとめることも重要ですし、相手が買ってくれそうであれば、つきあいのない業界であっても、勇気を持って営業してみることも重要です。すぐに取引は成立しないかもしれませんが、新たなBATNAの模索にはなるはずです。

相手のBATNAを悪化させる最高の方法は、独自の技術や商品の開発です。長期的には、特許を取得するなどして、他社が真似のできない技術開発ができれば理想でしょう。短期的には、商品開発(デザインやパッケージの工夫)や、商品の見せ方の改善であれば、営業担当者でも、何かできることがあるはずです。

たとえば、自社の製品が他社と違うことを強調し、その違いは相手にとって欠かすことのできないものであると相手に訴えかけるのです。いわゆるブランド戦略も、まさに相手のBATNAを無効にしようとする努力です。シャネルやルイ・ヴィトンじゃなきゃいけないんだ、という価値観を植え付け、機能的には同等の他の選択肢との比較考量を阻み、結果として消費者はブランドものを購入するのです。最近のアップルによるiPodやiPhoneの成功も、消費者のBATNAの弱さ（すなわち製品のユニークさ）にその一因があると考えられます。

他にも相手のBATNAを阻む方法はあるかもしれませんが、合法性や倫理性を考えると、自助努力以外の方法で相手のBATNAを悪化させることは、あまり望ましくありません。むしろ、交渉相手から、あなた自身のBATNAを悪化させようとする策略を仕掛けられていないかどうか、注意しておくとよいでしょう。また、相手のBATNAが弱いからといって、足もとをみた「あこぎな商売」をすると、いつか社会的制裁を受ける可能性もあります。この点については第3章でより詳しく説明します。

†準備不足だから交渉で緊張する

ここまで準備してから交渉に臨めば、交渉現場での緊張は少ないはずです。逆に、交渉で緊張してしまうという人は、事前準備をしていないから緊張するのです。

交渉の段階は、大きく二つに分けられます。第一の段階が価値生産で、第二の段階が価値分割です。価値生産の段階では、お互いの利害を模索します。既に準備段階で、相手の利害もある程度見えているはずですが、会話の中で、相手の本当の利害をできるだけ探り出します。聞き出した情報をもとに、事前に準備しておいた七二ページの表を、頭の中で修正していきます。また、相手がBATNAを露呈しないかどうかも、常に注意深く見守っておきましょう。

こう説明すると、「相手が本心を教えてくれるはずがないのでは?」という質問をよく受けます。確かに、素直に本音で利害を語ってくれないことも多いでしょう。しかし、相手の利害を探ることはできます。具体的には、準備段階で推測した相手の利害をもとに、「もし……だったら、どうですか?」という聞き方で、相手の利害を満足しそうな条件を提示してみることです。本当に相手の利害を満足しているのであれば、諸手を上げて同意しないまでも、少しはポジティブな反応が返ってくるはずです。

自分自身についても、自分が重視している利害、特に相手とズレがありそうな利害については、正直に述べたほうが得策です。たとえば、何かをとにかく早く売りたいときに、その利害を完璧に隠していたら、取引が成立しないかもしれません。「お支払いの時期を前倒ししていただくという選択肢はアリでしょうか？」といった言い方で、自分の利害をじんわりと見せていくことで、はじめて入金時期が交渉の取引材料となるのです。

利害を見せる上で難しいのが、ＢＡＴＮＡの露呈を防ぐことです。自分のＢＡＴＮＡを教えてしまうと最悪の交渉結果になることは、ＢＡＴＮＡの節で既に説明しましたが、自分の利害を見せるときに、同時にＢＡＴＮＡまで漏らしてしまう危険もあります。たとえば、早く売りたいからといって、「決算の三月末までに買ってもらえませんか？」と言ってしまうと、相手は、「あ、こいつ、決算前に売ろうと焦っているな」と思って、足もとを見てくるでしょう。利害はあくまで、ベクトル（方向性）です。「三月まで」のように、特定の価格や期限まで含めて言ってしまうと、「立場」（望んでいる結論）になってしまいます。いかにして、ＢＡＴＮＡを露呈せず、自分の利害を上手に伝えられるかが、交渉のコミュニケーションで特に注意すべきポイントとなります。

†度胸が試される価値分割

お互いの利害がある程度見えてきたら、次に、お互い納得できる合意条件を決める段階、すなわち価値分割の段階となります。この段階で、どうしても「度胸試し」の側面が出てきます。必要に応じてＢＡＴＮＡの存在（交渉決裂）をちらつかせながら、できるだけ自分にとってよい条件を引き出す必要があります。自分のBATNAよりもよい条件が出てきたからといって、すぐにYesと言ってはいけません。できるだけよい条件を獲得するのが目標ですから、相手のBATNA（つまり相手の引き際）を推測しながら、よりよい条件を要求していく必要があります。

ここで、交渉の落としどころを考える上で、「客観的基準」が重要だと言われています。客観的基準とは、自分も相手も納得せざるを得ない、先行事例、業界のスタンダード、社会的に受容される水準といったものです。

たとえば、価格設定の交渉であれば、昨年の価格に物価上昇率を掛けた価格、環境対策に関する交渉であれば、先行事例で行われた環境対策などを、客観的基準として使うことができるでしょう。もちろん、自分にとって有利な客観的基準を見つけてくることが大切です。

客観的基準を持ち出す理由のひとつは、自分にとってより有利な条件を得るための、説得の材料として使えるからです。自分が勝手に決めたのではなく、交渉の外にいる人々（第三者）が決めている基準だからこそ、説得力が増すのです。

結局、何が客観的基準であるかについての論争に陥ってしまう可能性はあるのですが、双方の当事者にとって、BATNAよりもよい条件であれば同意するはずなので、最後の

「鬩《せめ》ぎ合い」では、このような戦略を使って度胸試しをするしかありません。また、客観的な基準に基づいていれば、その合意は、交渉当事者だけでなく、社会からも認められやすいものであると考えられます。これはＷｉｎ／Ｗｉｎの問題として、次章でより詳しく説明します。

†「勝者の呪い」を避ける

ＢＡＴＮＡは、同意するか、拒否するかを判断する上で、大変重要な情報ではありますが、実はＢＡＴＮＡを知ることのリスクもあります。たとえば、あなたが商品を売ろうとしているとき、ＢＡＴＮＡとして、誰かに四〇〇〇円で売れることがわかっているとしましょう。そのとき、交渉相手が四五〇〇円というオファーをしてきたら、あなたはどうしますか。ＢＡＴＮＡよりも条件がよいから、すぐにＹｅｓと言って売ってしまうかもしれません。しかし、相手（買い手）のＢＡＴＮＡが八〇〇〇円であったことが後でわかったらどうしますか。あなたは五〇〇円の得しかしていませんが、相手は三五〇〇円の得をしているのです。

ＢＡＴＮＡの重要性を知ってしまうと、自分のＢＡＴＮＡよりもよい条件を得ることが、交渉の目的だと思い込んでしまう人がいます。これは大間違いです。交渉の目的は、自分にとってできるだけよい条件を獲得することです。自分のＢＡＴＮＡは、あくまで、あなたの引き際です。ＢＡＴＮＡよりも条件がよいからといって、自動的に合意するようではいけません。自分のＢＡＴＮＡばかり見ていると、まさに、後ろ向きの交渉になってしまいます。

自分のＢＡＴＮＡばかり気にする問題を、交渉学では「勝者の呪い（winner's curse）」と呼びます。ＢＡＴＮＡよりもよい条件を得るので、「勝者」ではあるのですが、もっとよい条件を引き出す余地はあるのに、早い段階で大幅に妥協してしまうので、「呪われている」のです。

ＢＡＴＮＡを認識しておくことは何よりも重要ではあるのですが、勝者の呪いを避けるためには、交渉で勝ち取りたい目標とする条件を適切に設定して、それを頭の中で思い描きながら交渉を進める必要もあります。この目標とする条件のことを英語でアスピレーション（aspiration）と言いますが、日本語にすることが難しい単語です。目標（goal）というと、何か達成しなければならないことがらのように思われるでしょうが、アスピレーションには、野望や夢といった、本当に達成するかどうかはともかく、何かに向かって頑張ろうという意味合いがあります。

事前準備で交渉相手のＢＡＴＮＡを特定できれば、自信を持って、相手のＢＡＴＮＡに近い条件をアスピレーションとして設定できます。相手のことがよくわからない場合でも、自分のBATNAにひきずられない高めのアスピレーションを持ち、交渉を通じて、相手の反応や、新たに出てきた情報などをもとに、自分のアスピレーションを適切に上げ下げできれば、勝者の呪いにさいなまれることなく、自分にとってよい条件を獲得することができるはずです。

†パッケージで考える

たくさんの条件について検討しなければならない複雑な交渉になると、それぞれの条件について、ひとつずつ順番に合意をとっていく、という段取りで交渉を進める人がたくさんいます。確かに、そのほうが、議論の進め方としてはスッキリしていて効率的に見えます。しかし、交渉学の観点からすると、きわめて危険なやり方です。実際、私がこれまで教えてきた東大院生でも、このミスを犯す人がたくさんいました。では、どういう問題があるというのでしょうか。事例で考えてみましょう。

あるコンピュータの部品の取引で、価格、納期、個数について交渉している現場を見てみましょう。まず、個数については、買い手の要求どおり、三〇〇〇個と決まりました。次に、納期については、三〇〇〇個を前提に、部品メーカーと買い手との間で、押し問答となり、二カ月後としました。最後に、価格については、買い手が契約解消をちらつかせるなど、きわめて険悪な雰囲気の中で交渉が進み、結局三〇〇〇円で妥協しました。価格交渉の中で、部品メーカーは、「三カ月後の納期であれば値引きできるかもしれません」と正直に言ってみたものの、「すでに二カ月後と決めたじゃないか！」と買い手は怒ってしまいました。ひとつずつ論点を潰していく交渉は、概してこのような結末を迎えます。

ここまで読み進めていただいた読者であれば、この交渉の問題点は容易に指摘できるでしょう。複数条件のバーターによる統合型交渉が可能であるにもかかわらず、価格、納期、個数について、独立した配分型交渉が行われています。結果として、もう少し納期を後ろにずらす代わりに、価格を下げるという、パレート改善の交渉ができていません。しかも、すでに決めた条件の変更は、譲歩する側に心理的なストレスを与えます。このようなことから、ひとつずつ論点を潰す交渉は、よい結果をもたらさないと考えられています。

では具体的な解決策ですが、交渉では、複数の条件を組み込んだ「パッケージ」について話し合うことが有効です。たとえば、「三〇〇〇個、二カ月、二〇〇〇円なら買いたいのですが」「いや、三〇〇〇個、三カ月、二五〇〇円なら喜んで生産させていただけますが」といったやりとりで、パレート最適へと徐々に近づいていくのです。一見、このような交渉の進め方は非効率かもしれません。しかし、大学や社会人向けの講義で、これまでに百回を越える模擬交渉を受講者にやってもらった経験を踏まえても、やはり間違いなく、論点つぶしではなく、パッケージとして交渉を進めることが、パレート最適へと近づくための必要条件であると考えられます。

†モニタリングも必要

ビジネス交渉であれば、交渉が妥結すれば、あとはそれを実行するのみ、という場面も多いかと思います。しかし、合意事項が本当に実現されるのかどうか、きちんと確認するメカニズムを作っておく必要があることもあります。たとえば、環境対策に自信がある工場が、地下水を汚染しないという約束を周辺住民にしたときには、地下水汚染を監視する仕組みをつくらなければなりません。戦争を終結させるときに、国際的な停戦監視団が組織されて、紛争地域に派遣されることもあるようにです。

このように、不確実性が高く、執行を強制するメカニズムが弱い、悩ましい課題であればあるほど、合意実現のモニタリングが重要になります。逆に、ビジネス交渉であれば、合意の履行は容易に確認できますし、いざとなれば訴訟という手段があるので、モニタリングの必要性が比較的低いのかもしれません。

いずれにせよ、交渉は、複数の人間が、将来、協力する行動について、事前に取り決めを交わし、さらにその取り決めを実行することです。もともと約束を守るつもりがない人が合意したとしても、それは交渉成立ではなく、詐欺に過ぎません。ですから、交渉を行う場合には、合意を目指すだけでなく、その合意を実現する（相手に強制させる）方法まで、考えておく必要があるのです。

第３章

社会的責任のある交渉の進め方

――Win/Win関係の落とし穴

1　Ｗｉｎ／Ｗｉｎの本当の意味

第1章でも説明しましたが、「Ｗｉｎ／Ｗｉｎの関係」は、いまや大多数のビジネスマンが知っている流行語となりました。以前であれば、私が「Ｗｉｎ／Ｗｉｎ」と言うと「何それ?」という反応が多かったのですが、最近では逆に、会話の相手から飛び出してくることも多くなりました。それだけこの単語が使われているということは、お互い幸せになるという交渉の大原則が広まりつつある、いい兆しなのかもしれません。

しかし、それでもいまだに、書店で平積みされている「交渉術」の本の多くが、本当の意味でのＷｉｎ／Ｗｉｎを志向していないように見受けられます。むしろ、コミュニケーションや心理的な問題ばかりが扱われているようです。ですから、本当の意味で、誰もが幸せになるための交渉は、まだ広まっていないのかもしれません。

ここで、再度Ｗｉｎ／Ｗｉｎという言葉の意味を考えてみたいと思います。この言葉が出てきた背景にはＷｉｎ／Ｌｏｓｅ（勝ち／負け）の取引はよくない、という指摘がありました。

交渉というのは戦争と同じで、自分が得をするためには相手に損をさせなければならない、という考え方は昔から根強く残っています。実際、ビジネスの価格交渉はそういう側面がなくもありません。買い手にとってみれば、一円でも安く買えれば幸せですが、その一円は売り手にとっての「損」です。確かに、一方の得は、もう一方の損に直結するので、価格交渉は、戦争のように、いかに相手に攻め込むかが、交渉の目的だと思えなくもありません。そういう交渉は一種のＷｉｎ／Ｌｏｓｅ交渉と言えるでしょう。戦争やスポーツと同じで、一方が勝ち（Ｗｉｎ）、一方が負ける（Ｌｏｓｅ）わけです。

†全員が負けるダラー・オークション・ゲーム

「ダラー・オークション・ゲーム」という有名な実験があります。これは何かというと、二名の被験者に対して二〇ドル札を一種のオークションにかけるのですが、より高い値段をつけてくれた人（落札者）には、その二〇ドル札を売り、落札できなかった人からは、その人が終了直前に示した入札額を徴収する、というルールで行う実験です。一〇セント、二〇セント……と入札額が少しずつ吊り上がっていきます。最初は、一〇セント出して、二〇ドルもらえるなら入札してみよう、と思うでしょう。しかし、オークションで相手に負けて、損をしたくないために、次第に入札額が吊り上がっていきます。一ドル、二ドル……と。そして、気がつけば入札額は二〇ドルを超えていきます。

ここで、多くの被験者が罠にはめられたことに気がつきます。二〇ドル札を貰うために、二〇ドル以上を支払わなければならないのです。しまった！　と思っても取り返しがつきません。オークションで相手に勝たないと、入札額を没収されるだけです。損はするけど、オークションで勝って、二〇ドルを取り返そうとし始めます。その後は、被験者同士の度胸試し（しかも確実に損をする）が続くことになります。

†Lose／Loseの危険

Win／Winと対比して、Lose／Loseという言いまわしがあります。これは、交渉がうまくいかず、お互い損になる結末へと至るということです。具体的には、訴訟合戦、戦禍の拡大、などお互いに傷つけ合う行動へと至ってしまうことです。

ダラー・オークション・ゲームは、まさにLose／Lose交渉の例で、「相手に負けたくない！」という執念が、結局、自分も相手も敗者に陥れてしまう事例です。長年終わることがない戦争も、このような罠にはまっているのでしょう。自分も敵も、戦禍で満身創痍であったとしても、まずは勝って、失ったものを少しでも取り返そう。そういう理由から、戦争という罠から抜け出せない国々も多いと思います。

ただ、冷静に考えてみれば、ダラー・オークション・ゲームの被験者二人が、オークションに参加する前に相談するチャンスがあれば、こんな落とし穴にはまることはなかったでしょう。

たとえば、被験者がある程度お互いを信用できそうな状況にあれば、「僕が一セントで落札するから、君は入札しないで。後で、九ドル九九セントずつ山分けしよう」という働きかけを、事前に片方の被験者からできたかもしれません。しかし、このゲームではルール上、そのような協議は許されていません。交渉できれば、Ｗｉｎ／Ｗｉｎとなる可能性があるにもかかわらず、コミュニケーションをとれないがゆえに、Ｌｏｓｅ／Ｌｏｓｅに陥ります。

ゲームのルールであれば仕方ありませんが、面倒だからとか、保身のためだとかいう理由でコミュニケーションをとらず、その結果Ｌｏｓｅ／Ｌｏｓｅになるのであれば、それは怠慢としかいいようがありません。しかしそのようなコミュニケーションの怠慢が、夫婦間のモメゴトの深刻化や、戦争の激化につながっているような気がします。

†佐藤さん家の家事分担

だからこそ、Ｗｉｎ／Ｗｉｎとなるよう、もっと積極的に交渉しましょう、というのがこの言葉が出てきた本来の趣旨だと思います。Ｗｉｎ／ＬｏｓｅやＬｏｓｅ／Ｌｏｓｅを避けましょうね、ということです。ここまではよいのですが、ではＷｉｎ／Ｗｉｎになっていれば、それだけで太鼓判を押してもいいのか、というとそうもいかないようなのです。ここで、サラリーマン佐藤さんの交渉現場を見てみましょう。

仕事から帰ってきた佐藤さんは、遅い夕飯をとりながら、奥さんと食卓で向かい合わせになって話しこんでいます。

「ねぇ、あなた。来週から私も仕事に出るのよ。家事もちょっとは手伝ってもらわないと困るのよ。」

「え。そんなこと言われても忙しいんだから、そんな暇ないよ。」

「だって教育費を稼いでこなきゃいけないのよ。あなたの給料がもっと高ければ私も働かないでいいのに。」

どうやら、家事をどう分担するかについての「交渉」のようです。

「とりあえず、火曜日と金曜日の朝のゴミ出しでしょ。あと水曜日の資源ゴミの仕分けね。あと、週末は洗濯もしてもらわないとね。平日掃除できないから、週末は忙しくて手が回らないのよ。どうせゴロゴロしてるんでしょ。あ、そうそう、晴れてたら布団も干しておいてね。ほんとうは週末の夕ご飯くらいつくってもらわなきゃ不公平だと思うのよ。週末の夕方だってどうせテレビ見てるだけじゃないの。」

「えー、それはいくらなんでもヒドイなぁ。そうだ。Ｗｉｎ／Ｗｉｎ交渉っていうのをこの前勉強したんだ。ちょっと試してみようよ。」

「はぁ？　何それ。よくわかんないけど、家事ちゃんと引き受けてくれるの？」

「まあ、いいや。まずは、それぞれの『利害』を探ってみようよ。僕はね、平日は仕事で忙しいからね、あまり時間はとれないと思うわけ。それで週末もゆっくりして疲れをとりたいと思っているわけね。」

「平日忙しいのはわかるけど、朝なら時間あるでしょ。早く起きればいいんだし。週末も少しは体を動かしたほうがいいわよ。ほら、おなか出てきてるじゃないの。」

「まあ、それもそうなんだけどさ。でも、家事やったことないから、余計に手間がかかっちゃうかもしれないよ。洗濯も適当に洗濯機に放り込むしかできないし、料理なんてとんでもないことになるぞ。そんなこと僕がやっても誰の得にもならないんじゃないかな。」

「そうね。じゃあ、仕分けして洗濯機に入れるところまではやってあげる。干すくらいできるわよね。」

「うーん、わかった。でも料理は無理だな。」

「お隣の鈴木さんのご主人なんて、料理学校通いだしたらしいわよ。少しは努力しなさいよ。」

「いやー、無理だろう、いくらなんでも。」

「じゃあ、外食に連れて行ってくれたら許してあげる。土曜日か日曜日のどっちか一日でいいわよ。」

「うーん、まぁしょうがないかな。」

「じゃあ、お勘定はあなたのお小遣いから出してね。」

「えー、それはないだろー。」

「何か文句あるの？　料理できないんでしょ。あなたができることといったら、お金を出すくらいじゃないの。それこそＷｉｎ／Ｗｉｎじゃないの？」

「しょうがないなー。」

「じゃあ、決まりね。平日はゴミ出しね。週末は洗濯物干すのと、布団干すのと、あとあなたのお小遣いで外食ね。」

さて、佐藤さんの奥さんの言うようにこれはＷｉｎ／Ｗｉｎ交渉だったのでしょうか。確かにそのように見受けられます。お互いの利害もちゃんと探っています。もし、佐藤さんができもしないのに料理をさせられていたら、佐藤家の週末の夕食は惨憺《さんたん》たるありさまで、まさにLose／Loseとなっていたでしょう。外食することで、佐藤さんは自分で料理をしないで済む、奥さんも自分で料理をしないで、まともなものが食べられる。やはりWin／Winのようです。

しかし、なにかすっきりしない感じもします。あなたご自身、パートナー（ご主人、奥さま）が「家事をしない！」といつも不満に思っているのであれば、「佐藤さんも、まあそのくらい、やれよ」と思われるかもしれません。とはいえ、この交渉の中で、佐藤さんはかなり押されっぱなしです。奥さんが最初に出してきた条件をほとんど呑まされています。しかも、今後はお小遣いからかなりの出費を強いられることになりそうです。

逆に、奥さんは給料を貯めて、新しい服をたくさん買ったり、友達と遊びまわったりするかもしれません。佐藤家の家計の状況、佐藤さんのお小遣いの額や使い道、奥さんの新たな収入の額などによっては、フェアなWin／Winの交渉かもしれませんが、もし佐藤さんが昼のランチも切り詰めてお小遣いを節約しているのに、奥さんがヘソクリを貯めて好き勝手なことをするのであれば、なんだかWin／Loseのような気もします。そう感じるのは、私が男性だからというわけではないとは思います（そう信じたいところです）。

奥さんが外で働きに出て家計は少し潤うのですから、もしかすると、外食の費用は家計から支払ってもらうこともできたかもしれません。奥さんも佐藤さんと同じくお小遣い制にして、子供の教育費を積み立てていく、ということもできたでしょう。ゴミ出しについても、週一回ずつで分担することもできたかもしれません。そのような取引になったとしても、たぶんＷｉｎ／Ｗｉｎであることには変わりはないと思われます。いずれにせよ、お互いの利害関心をある程度満足できるでしょう。

†Ｗｉｎ／Ｗｉｎといっても勝ち負けはある

これが、「Ｗｉｎ／Ｗｉｎ交渉」の落とし穴です。つまり、Ｗｉｎ／Ｗｉｎ交渉だからといって、自動的に一つの解決策に落ち着くわけではないのです。Ｗｉｎ／Ｗｉｎ交渉であっても、さまざまな解決策はありえます。そして、一方にとってはすごい得で、一方にとってはほんの少し得、となるような解決策もたくさん考えられます。

ここで、第1章と第2章で説明した交渉学を用いながら、佐藤さん夫妻の交渉も少し理論的に分析してみましょう。

交渉を続けることで、俎上に載せられた合意案が次第に改善されていく「ネゴシエーション・ダンス」を経て、理想的にはパレート最適を示す線の上に乗っかるような合意条件を見つける、というのがパレート改善による価値生産の考え方でした。つまり、議論を進めることにより、検討中の合意条件が少しずつ改善され、図中の「北東」に進んでいくということです。

いまここで、佐藤さん夫妻が行った「ネゴシエーション・ダンス」を、図で模式的に示

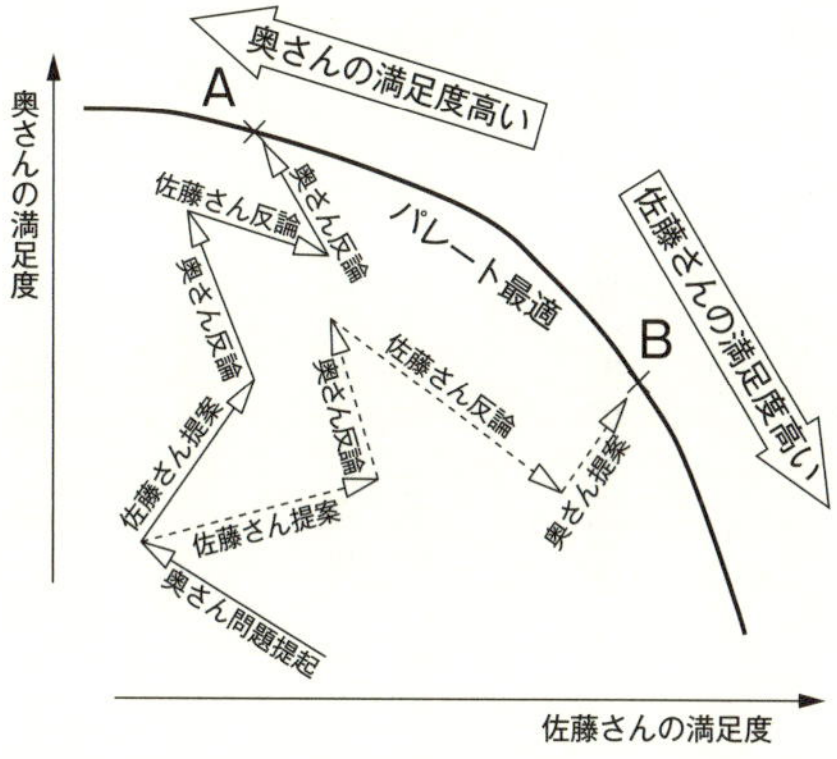

してみましょう。家事分担について何も合意がないという状況から、奥さんが出した条件に対し、佐藤さんが異なる条件を出し、少しずつ譲歩を引き出していくという形で、交渉が進みました（実線）。そして、最終的な合意から得られる佐藤さんと奥さんの満足度は、点Aで示されるとしましょう。お互いにパレート最適に至るまで、交渉を進めたということです。

しかし、佐藤さんがもう少し強気に出ていたらどうなっていたでしょうか。たとえば、ゴミ出しは半分ずつ負担で、外食の支払いも折半、という合意もあったかもしれません。そのネゴシエーション・ダ

ンスを模式的に破線で描いてみましょう。そして最終合意の満足度は点Bで示されるとしましょう。

このとき、点Aも点Bも、パレート最適と言える合意ですので、傍観者としては、いずれもＷｉｎ／Ｗｉｎとなっている「よい交渉」だと言えます。しかし、点Aのほうが、奥さんにとってよりよい条件、点Bのほうが佐藤さんにとって、よりよい条件です。つまり、Ｗｉｎ／Ｗｉｎとなる条件は複数存在して、さらにその中でも、それぞれの立場から見て、自分にとってより望ましい条件が存在するのです。

†価値生産と価値分割の緊張関係

これは交渉に必ず存在する「価値分割（claiming value）」の問題です。交渉で価値が生産されたとしても、まだそれは二人の間の共有物として存在するわけで、いつかはその価値を「分割」しなければなりません。実際の交渉では、価値生産と価値分割は同時並行で行われることが一般的です。ネゴシエーション・ダンスの中で、生産された価値をいかに自分が獲得していくか、これが最終的な交渉結果の、自分にとっての良し悪しにつながります。

よって、取引によって「パイ」を大きくするという「価値生産」（六八ページ以降参照）

と、「価値分割」は交渉の間を通じて常に緊張関係にあります。たとえば、価値分割の時点でできる限り自分が大きな取り分を得るため、価値生産の時点から、相手に脅しをかけることができます。価値生産の方法が見つかった時点で、「自分の取り分を大きくしてくれないのなら、この合意条件はなかったことにするよ」と脅すことで、より自分に得になるような方角にねじまげようとするわけです。

ですから、一方が脅しに負けてしまったり、一方が「いい人」過ぎたりすると、片方が大きく得をして、もう片方が小さく得をする結果に至ります。「脅し」の内容を具体的に言えば、「いつでも交渉を止めて他の交渉に移ってもよさそうな雰囲気を醸し出す」ことや「強気の態度」といった、表面的な戦略がまず挙げられるでしょう。また、「脅し」以外にも、「公平性」や「倫理」といった論拠を持ち出すことによる説得(reasoning)を使って、より大きな取り分を獲得することも可能です。

よって、「交渉でWin/Winになって素晴らしい!」といって気を抜いていると、BATNAよりも「損」することはないけれども、相手に比べると「得」の大きさが小さい交渉結果に至ることになります。

交渉力(交渉戦術に関する知識など)のバランスに偏りがある場合、たとえば一方の当事者は何人もお抱え弁護士を抱えている大手デベロッパーで、もう一方は交渉などしたことがない数名のお年寄りの地権者だったとしたら、どのような交渉結果が予想されるでしょうか。このお年寄りたちがこの本を読んでＢＡＴＮＡのことを知り、損をしないような交渉をして、Ｗｉｎ／Ｗｉｎの結果にたどりついたとしても、やはりデベロッパーのほうが大きな得をしそうです。つまり、価値分割の結果には、各交渉当事者が有している交渉に関する知識、スキルが大きく影響してきます。

しかし、そのようなことは社会的に見て許されることでしょうか。法を犯さない限りどのような合意でも契約として認められるはずです。しかし、世界中どこでも、多くの人が「弱者」に対して同情をすることは自明です。交渉力が弱いというだけの理由で、比較的少ない利得しか獲得できないことは何となく「不公正」だな、と感じる人のほうが多いはずです。鳩山由紀夫首相が何かと「友愛」を掲げるのも、この感覚に訴えようとしているように思えます。

もし、このお年寄りの地権者たちが、マスメディアなどを使って社会の同情を獲得できれば、「公正性」に対する社会の要請から、彼らの交渉力が大きく高まり、多くの人が「公正だな」と思える結果、つまり強者も弱者も同じくらい、もしくは弱者がより多くの「得」をする結果に至る可能性があります。

最後にまとめますと、Ｗｉｎ／Ｗｉｎであったとしても、それぞれがどの程度「Ｗｉ

n」するかは、交渉によって変わってきます。落としどころを、どこでつけるかも、各自の交渉力次第だ、ということです。

2 Win/Winのベールに隠された社会問題

Win/Winであればよいのか、というと必ずしもそうではないことをご理解いただけたのではないかと思います。むしろ、Win/Winという名のもとで、ある種の搾取が行われているかもしれないという点に注意していただきたいと思います。これまできわめてパーソナルな次元での問題を例に挙げてきましたが、社会の多くの側面で、Win/Winであるはずなのに、なんだかおかしな結末に至っている事例がいくつも見られます。特に、いわゆる「新自由主義」がもてはやされる時代になってから、それがひどくなってきたようにも思えます。

†多様な働き方と派遣切り

不況で「派遣切り」と呼ばれる事態が横行していると言われています。企業としては、その存続のためにやむをえない措置だと考えているでしょう。しかし、もともと派遣労働者を増やすことについて議論が行われていた頃には、「働き方の多様化」などといって、従来の終身雇用制度でがんじがらめにするのではなく、個人がそれぞれのライフスタイルや能力に合わせて、自由に職業や働き方を選択できるようにすれば、企業にとっても労働者にとっても最適化が図られるのだからＷｉｎ／Ｗｉｎではないか、という主張が強かったように記憶しています。

確かに、その主張には一理あるように思われます。実際、以前に比べれば、多くの国民が、自分に合った職場を選びやすくなっているはずですし、家庭や趣味、社会活動などに合わせて勤務形態を設計しやすくなってきているように見受けられます。

しかし、実態として、所得の不均衡を表すジニ係数はここ数年悪化（格差が拡大）していますし、現在では派遣労働者がいっせいに解雇されるという社会問題にまでなっています。そのような契約形態を選択することでより幸せになれるはずであった派遣労働者が、この不景気の影響を一番大きく蒙っているのではないでしょうか。

ではなぜこのような問題が起きているのかを考えてみると、やはりその契約形態が、派遣労働者に非常に不利な形となるようなＷｉｎ／Ｗｉｎの構造を持っているからではないかと考えられます。労働者に働き方の自由が与えられたとはいえ、多くの場合で、福利厚生や退職金の見込みまで含めれば、所得水準は下がっているでしょうし、また、景気変動やインフレなど将来の不確実性に伴うリスクを抱え込むことになりました。

雇用者としては、必要なときに必要な労働力を、しかも安価（給与は低く、手厚い福利厚生もない）で手に入れられるという面でメリットがあったでしょう。労働者も雇用者も、ある意味幸せになったはずなのですが、この新たな労働形態によって得られるメリットの配分が、雇用者側に大きく偏っていたのではないでしょうか。

より詳しく見れば、労働者の中でも、特殊技能（スキル）を持っている労働者には大きなメリットがあったのかもしれませんが、単純労働に従事する人たちにとってはほとんどメリットがなかったか、デメリットしかなかったのかもしれません。労働者をひとくくりにしてみると一見Ｗｉｎ／Ｗｉｎに見えても、得たメリットは労働者の特性によって異なったのかもしれません。労働者対雇用者のような二項対立でなく、労働者の中にもいろいろなタイプの人がいる、という交渉の分析については、後でマルチ・ステークホルダーという概念を使って、より詳しく説明します。

†オークション方式による立地選定

他の事例として、有害廃棄物の埋め立て処分場を「逆オークション」方式で決めるという政策も、米国のマサチューセッツ州などでありました。これは、州内に処分場を設置するにあたってはどこの自治体も嫌うので、処分場の見返りとしていくら補助金がほしいのかを自治体に問い、最も低い額を提示した自治体に処分場を立地し、提示された金額の補助金を自治体に与える、というものです（もちろん、建設に適した土地でなければなりませんから、実際には提示額だけで決まるわけではありません）。

政治のしがらみもなく、すべてお金で解決するという面では、ある意味、きわめて公平な意思決定の方法かもしれません。理屈としては、立地に必要とされるコストを可能な限りまで抑制することができるはずですから、納税者にとっては幸せな方法論のはずです。また、自治体も他の土地利用の可能性と比較した上で「適切な」補償を要求できるのですから、フェアなやり方ではあるはずです。そういう意味で、きわめてＷｉｎ／Ｗｉｎな関係を州と自治体が構築できる、と言えるかもしれません。

では実際にどういうことが起きるかというと、結局は、貧しい自治体が一番低い額を提示することになります。主要産業が衰退・撤退して失業者があふれていたり、公害などの結果土壌が汚染されていたり、移民が大量流入してコミュニティが複雑化していたり、いろいろな問題を抱えているところが、起死回生の策として、低い補償額でもいいから受け入れようとするわけです。そういう自治体が、要求する補償額を競って値下げしてくれば、より安いコストで事業が実現できるでしょう。

しかし、これもなんだかおかしな気がしなくもないです。そういう貧しい自治体がほとんど存在しないのであれば、競争が働かないので、それなりの補償額を要求できますし、逆に要求額を吊り上げることもできるでしょう。しかし、希望する自治体が複数存在する場合には競争となり、なんとかして補助金をとろうと、受け入れによる損失も見越しつつ、それぞれのBATNA（他の土地利用で得られる税収など）ぎりぎりのところまで値下げしてくるでしょう。結果として、他の土地利用では税収などを期待できない一番貧しい自治体が、一番安い価格で応札することになるでしょう。いわば、州政府が貧しい自治体から買い叩いている、という状況です。

確かに、補助金がなければ貧しい自治体は貧しいままですので、Win／Winなのでしょう。自発的な取引が成立している以上、Win／Winですし、政治による強引な立地決定でもなく、市場メカニズムによる合理的な土地利用ではあるのでしょう。もちろん、環境への影響などを評価した上で、立地に問題がないかどうかの判断も行われます。

それでも、貧しい地域に、そのBATNAに近い補償額で有害廃棄物の処分場を立地させるというのは、何かひっかかるものがあります。それは、州内に立地先が全く見つからず、有害廃棄物が処理できずに蓄積する状況が続いた場合に、州政府が蒙るコストは、補償額よりもずっと高いと考えられるからです。つまり、この取引で生産される価値の大半が、州政府側に吸収されてしまうのです。受け入れ自治体はちょっとだけＷｉｎ、州政府はすごいＷｉｎ、というＷｉｎ／Ｗｉｎの関係になります。もちろん、受け入れようとする自治体が一つしかなければ、全く逆の交渉になる（自治体が脅しをかけて価値を吸収する）ことにも注意が必要です。

さて、そのような価値配分も公正である、と社会が判断するのであれば、オークションによる立地選定も適切なのかもしれません。また、金銭による補償だけでなく、地域の経済開発など、他の条件も考慮した取引であれば、パレート改善となるでしょう。しかし、現実には、そのような価値配分となるＷｉｎ／Ｗｉｎでも公正である、という社会的な合意は存在しないように思えます。米国のオークションの仕組みも、自治体内部での反対運動や、政治的策動により、実際にはうまく機能していないようです。

†Win／Win再考

これらの事例にみられるように、Ｗｉｎ／Ｗｉｎであればそれでよしとすることはできません。Ｗｉｎ／ＬｏｓｅやＬｏｓｅ／Ｌｏｓｅといった状況を避けて、お互いにメリットがあるような取引ができたとしても、そのメリットを相手とどのように共有するかについて常に考えておく必要があります。自分にとってのメリットを十分に確保することも必要になります。

とはいえ、ここでまた、自分にとってのメリットばかりを考えてしまうと、もとの木阿弥です。つまり、相手よりも多く儲けてやろうという、一人勝ちを目指すＷｉｎ／Ｌｏｓｅの思考に立ち返ってしまうのです。

むしろ、自分のメリットを要求しつつ、相手にもそれなりのメリットを与えてあげることが必要です。そのためには、自分と相手それぞれの利害関心を十分に理解しておく必要がありますし、また交渉の状況を客観的に見ることができる冷静な分析能力が必要とされます。そして、最終的な落としどころ（合意）を決める上で、自分と交渉相手だけでなく、あなたの交渉を横から見ている「社会」が、その合意をどのように受けとるのかについて、配慮が必要です。たとえＷｉｎ／Ｗｉｎの合意であったとしても、自分ばかりが得をする合意だと、いつか社会からしっぺ返しを食らうかもしれません。

また、社会的な問題になればなるほど、どのようなメリットの配分であれば、大多数の人々が納得できるかという、合意形成の課題に関わってきます。たとえば、「派遣切り」の問題に関して、派遣労働者の側を支持する論調が、全体としてみれば比較的強いように思われますが、それは単なるマスコミのセンチメンタルな同情だけでなく、本当に不公正なのではないかという認識を多くの国民が持っているからではないでしょうか。最近の動向は、雇用契約という、個人間で行われるＷｉｎ／Ｗｉｎの交渉取引であったとしても、ある程度は社会に認めてもらえるようなものでなければならないということを示唆しているのでしょう。

第4章

一対一から多者間交渉へ

――ステークホルダー論

1　現実の多者間交渉

これまでは主に二者間、つまり一対一の交渉を見てきました。売り手と買い手、佐藤さんと奥さん、労働者と雇用者、といった形で行われる交渉です。私たちは大半の交渉を一対一の枠組みで考えています。役員室のような重厚な雰囲気の部屋の中で、スーツに身を固めた人たちが、机に向かい合わせに座り、口角泡を飛ばして主張し合う、というのが多くの人が「交渉」に抱いているイメージだと思います。ビジネスの現場では確かにそのような交渉が多いだけでなく、交渉自体が大きなストレスになるがゆえに、そういう対決的なイメージがついたのでしょう。

しかし、実は、多くの交渉が、一対一ではありません。わかりやすい例を出せば、家庭内の交渉も、必ずしも一対一ではありません。たとえば、夏休みどこに旅行するかを決める交渉は、大きな子供がいれば、夫婦間だけでなく、子供（複数いれば兄弟姉妹）も交えた交渉となるでしょう。町内会での交渉など明らかに一対一ではありません。いろんな事情を抱えた世帯が、同じ町内に寄り合って暮らしているのです。ビジネスの現場でも、一対一ではない交渉はたくさんあります。

マルチ・ステークホルダー国際交渉の現場（国際海事機関）

（筆者撮影）

たとえば、同業者の組合は多数存在します。それらの意思決定は一対一の交渉ではなく、いろいろな意向を持った事業者が、合議でものごとを決めなければなりません。本来あってはなりませんが、談合も、一対一ではない交渉だといえるかもしれません。

そして、より公共性が高い次元へと視点を移してみると、「議会」も、まさに一対一ではない交渉の場です。政策に関わる意思決定が一対一の交渉で決まることは、まずありません。

国際交渉も、国交樹立などといった二国間の交渉以外に、多国間で行われるものがたくさんあります。国連などいわゆるグローバル・ガバナンスの枠組みが、戦後、構築されてきた結果、さまざまなことがらについて多国間で交渉して、意思決定する必要が出てきました。たとえば、地球温暖化対策についての交渉、海にゴミを投棄させないための交渉、核兵器の管理に関する交渉などさまざまな国際交渉が、世界各地で、多数の国を巻き込んで、頻繁に行われています。

このように、交渉を一対一で単純にとらえられない現実があります。社会が複雑化して、ものごとを「敵と味方」、「悪と正義」といった二元論ではとらえられなくなってきているのです。

†公園設計ワークショップ

交渉に多くの人々が関与している実態を、実際の事例をみながら考えてみましょう。最近、都市計画の現場では、計画をつくる段階で「ワークショップ」と呼ばれる会合が行われています。近隣住民や、関心のある人々を集めて、どういう計画がよいのか、意見を聞いたり、話し合ってもらったりする会合です。この現場を見てみると、交渉が一対一では収まらない現実がよくわかります。ここで、先ほどから登場していただいている佐藤さんに、ワークショップに参加してもらいましょう。これからのお話は、フィクションではありますが、これまで私が見たり聞いたりした現場の実体験をもとに構成してあります。

佐藤さんの自宅のそばに新しい公園が整備されることになりました。子供がいる佐藤さんとしては喜ばしいことです。その公園をどのように整備するかについて話し合う、「ワークショップ」というイベントが来週の日曜日に開かれるとの告知が、町内会経由で回ってきました。地域をよくしたいと思っている佐藤さんとしては、自分がいつも思っていることを実現してもらういい機会だと思い、参加することにしました。交渉のやり方についても少し勉強したところだから、自分の希望を叶えてもらえるようにうまく話し合ってくれるんじゃないだろうか、という淡い期待もありました。

会場は町内会の集会場です。日曜日の午後、軽い気持ちで集会場を訪れた佐藤さんは、会場に三〇人くらいの人だかりができているので驚いてしまいました。ちょっと意見を言って帰ってくればいいや、と思っていたのですが、これではいつになったら自分の番が回ってくるかわかりません。面倒だから帰っちゃおうかな、という気分になりましたが、家に帰って家事を手伝わされるのも疲れるので、会場で様子を見守ることにしました。

自分のように一人で来て手持ち無沙汰にしている人、数名で集まってきている若い母親らしきグループ、またこれも数名の老人のグループ、そして屈強そうな男性も何人かいるようです。開始時間の午後二時になると、作業着に身を固めた役所の人が出てきました。

「今日はお忙しい中、お集まりいただき、誠にありがとうございます。公園の設計についてのワークショップで、みなさんから忌憚のないご意見をいただき、できるだけ反映させていただこうと思っております。」

このような堅苦しい調子で挨拶が始まりました。その後、ファシリテーターという男性が後ろから出てきました。この人が司会進行をするようです。

「はじめまして。高橋です。ファシリテーターをつとめさせていただきます。本日の進行ですが、まずはみなさんからいろいろなアイディアを頂戴するために、記入用紙を配りますので、どういう公園にしたいのか、アイディアを書いてください。みなさん書き終わったら、順番に自己紹介と、アイディアについて発表していただきます。」

助手の女性が大きい付箋紙とペンを配り始めました。佐藤さんとしては、たくさんアイディアがあったのですが、とりあえずは自分の子供（五歳）が元気に遊べるアスレチック設備を公園全体に配置してほしいと提案することにしました。母親のグループは、何かざわざわと相談しています。老人のグループも老眼鏡を出して、いちいち書くのが面倒だと愚痴りながらも、何か書き始めました。大半の人がペンを置いたところで、ファシリテーターの高橋さんが声をかけました。

「そろそろお願いします。では、こちらから発表、お願いします。」

最初に指名されたのは佐藤さんも幼馴染の、二軒となりの旦那さんと娘さんです。

「あ、田中と申します。こいつは中学生の娘でして、中学校で生物部に所属してます。こいつが言うには、ビオトープというのをつくるべきだというんです。いろいろな生き物が生息する自然を真似た環境ですね。ホタルを飼ったりして、昔のこの町がまだ田舎だった頃の自然を取り戻そうというのです。いいアイディアなんじゃないかと思って提案しました。」

佐藤さんもこれには感心しました。なるほど、と。しかし、自分の子供はそういうものを利用する年齢じゃないよな、と疑念も抱きました。自分の子供が池に落ちたら危ないんじゃないかと、逆に心配にもなってきました。

次は若いママさんグループの一人。

「私は子供をのびのび遊ばせられる広場にしてほしいなと思ってます。最近遊具の事故も多いですよね。遊具なんて置かないで、砂場と広場だけでいいんじゃないでしょうか。ここにいるママたちみんな、そう思ってるんですよ。みんな、いまは近所の公園で集まってるんですが、私たちの理想の公園をつくってほしいんですよね、みんな。多数決なら、絶対私たちの案が通ると思うんです。」

まわりにいた若いママたちはしきりにうなずいています。中には「賛成！」などと叫ぶ女性も。同じような発言が一〇人くらい続いた後、老人グループに順番が回ってきました。

七〇歳くらいでしょうか、元気そうなご老人が立ち上がりました。

「うぉっほん。わたくしはー、生まれたときからこの町に住んでおりまして、まだ団地になる前から、農業をやっとります。いまは、仲間で集まってゲートボールをやっているのですが、市内に場所がないんですわ。議員さんには何度もお願いしているのですが、この寄り合いについて議員さんから教えてもらって、みんなで陳情に参ったところです。市役所の先生方、ぜひここをゲートボール場にしてください。駐車場もつくって、市内のゲートボールの中心地にしたいんですよ。」

「賛成！」一人の老人が大声を挙げると、その場にいた老人たちが次々「賛成！」と挙手を始めました。ファシリテーターの人は少しあわてた様子で、

「あ、今日は多数決で決めるわけではありません。まずはみなさんのご意見を伺ってからにしましょう。」

となだめました。何かブツブツ言っている老人もいましたが、とりあえずその場は収まりました。老人たちのグループを一巡すると、次は佐藤さんの番です。

「あ、佐藤です。最近アスレチックパークというところに行ったんですが、うちの子がとても喜びまして。そこがまた、週末すごい混んでるんですよ。車で二時間ほどかかって渋滞にも巻き込まれました。ですので、ああいう施設が家の近所にあれば子供にとっていい

んじゃないかと。そして渋滞も減らせるでしょうから地球温暖化防止にもなるんじゃないかと。いかがでしょうか。」

その後も、いろいろなアイディアが出てきました。野球場をつくってほしい、テニスコートをつくってほしい、庭園にして老人会で管理したい……などなど。佐藤さんは意見発表が最後まで終わったところで途方にくれてしまいました。いったい交渉相手は誰なんだろうか。市役所の人だろうか。ファシリテーターという人だろうか。それとも老人？　ママ？

†マルチ・ステークホルダー交渉

このように、比較的身近な問題であっても、交渉は一対一で行われるとは限りません。むしろ数多くの異なる思惑、利害関心が渦巻く中で、交渉を進めていかなければならないのです。

このような状況を専門家は「マルチ・ステークホルダー」と呼びます。マルチというのは、英語で「複数の」という意味です。ではステークホルダーとは何でしょうか？　もしかすると読者のみなさんもステークホルダーという言葉をどこかで耳にしたことがあるかもしれません。最近では大手企業の多くが、その経営方針の中で、ステークホルダーとの関係を重視するなどと謳っています。しかし現実には、はやりのカタカナ単語の例に漏れず、言葉の意味が定義されぬまま、その場の雰囲気で使われてしまっていることが多いのではないかと思います。

ステークホルダーとは、自分の行動に影響を与えうる人たちと、自分の行動が影響を与えうる人たちの総称です。これはエドワード・フリーマンという経営学者の定義ですが、いちばん明快でかつ意味のある定義の仕方だと思います。

先ほどの公園整備の事例であれば、市役所が公園をつくることで、敷地の隣のアパートに住んでいる人には騒音という影響が及ぶでしょうし、また公園を使いたいという佐藤さんやママさんにも、新たな活動の場が提供されるのですから、影響が及ぶと言えるでしょう。

逆に、影響を与えうる人たちとしては、直接的には予算の議決に関わる議員や、補助金を出してくれるかもしれない財団法人などが考えられますが、間接的には老人会、地元町会の幹部、有力者などもステークホルダーと考えられます。彼らは、地元の議員や、市役所との他の協力関係などを通じて、間接的に影響力を行使できるでしょう。

多数のステークホルダーが参加する交渉を、マルチ・ステークホルダー交渉と言います。先ほどの公園整備のワークショップというのも、その一事例です。

マルチ・ステークホルダー交渉であっても、交渉の当事者は、一対一の交渉と同じく、自分のBATNAと比較して、同意・不同意を判断すればよいことに変わりはありません。ただし、交渉相手が複数になることで、意思疎通が難しくなりますし、また発言機会も少なくなってきます。これが、たとえば、北朝鮮に関する六カ国協議のような、高度に政治的な課題になると、コミュニケーションの問題にとどまらず、合従連衡《がっしょうれんこう》といった駆け引きが絶え間なく行われ、交渉の分析は大変複雑なものとなります。

†マルチ・ステークホルダー交渉の進め方

一対一交渉であれば、交渉相手は一社、あるいは一人しかいませんので、交渉現場で目の前にいる相手に集中すれば、コミュニケーションを図ることはできるでしょう。しかし、マルチ・ステークホルダーとなると、交渉現場にあなたの交渉相手がたくさんいるのです。誰かに話しかけようとすると、他の人が割り込んできたり、そもそも声の大きな人がいて、自分が発言するきっかけさえ与えてもらえなかったりすることが、往々にしてあります。会社やPTAなどでの会議を思い出していただければ、マルチ・ステークホルダー交渉の進行の難しさは、すぐに理解していただけると思います。

では、どうやって交渉を進行すべきでしょうか。この問題については、これまでいろいろな解決策が模索されてきました。たとえば、議会で用いられる手続きがあります。法案などの議題を事前に提出させ、発言の順番も厳格に定められていて、そして最終的には投票で議決するという方法です。欧米では、議論の進め方を非常に詳しく定めた「ロバート の議事規則」というルールが、さまざまな場面で長年用いられています。議会のように、国民の代表者による議論そのものが目的となっている場面であれば、このような方法論は使い勝手がよいかもしれません。

しかし、議員でもない市井の人々が、直面している問題解決のために、議会で用いられる堅苦しい手順を踏襲すると、問題の解決策を議論することよりも、手続きに従うことのほうに手間がかかってしまい、議論が余計に非効率になります。議会手続きの問題についてご関心をお持ちの方は、拙訳書（サスカインド、クルックシャンク著『コンセンサス・ビルディング入門』有斐閣）をご一読ください。

問題解決を目的としたマルチ・ステークホルダー交渉では、「ファシリテーション」という技法が使えます。これは、交渉の当事者ではない人が、交渉の場で、司会進行の役割を引き受けることです。従来の会議では、司会自身も交渉の当事者（ステークホルダー）で、二つの役割を同時に担わされるため、仕切りが十分できなかったり、司会自身の利害が議論の進行に強く影響するために、進め方に不満を持つ人が出てきたりすることが往々にしてあります。ですから、「ファシリテーター」という人を外から連れてきて、議論の進行をしてもらうほうが、準備に少し手間がかかっても、議論自体はより円滑に進み、効率的になることがあります。

実際、ここ数年、日本でも、「ファシリテーション」は流行になりつつあるようで、ファシリテーションに関するビジネス書は多数出ておりますので、ここでは詳しい説明を省きます。この技法に興味がある人は、たとえば、『会議が絶対うまくいく法』(ドイル、ストラウス著、日本経済新聞出版社) などを、読んでみてください。

ファシリテーションにはさまざまな応用版があります。たとえば、対立が激しい場合には、介入の度合いを増した「メディエーション」という手法が使えます (これは一対一の交渉でも使います)。先ほどの公園設計事例のように、建築や公共事業の設計に関するマルチ・ステークホルダー交渉では、「ワークショップ」と呼ばれる方法論がしばしば用いられます。それぞれの方法論については、すでにたくさんの専門書が出ていますので、ここでは詳しい説明をあえて省きます。もし必要であれば、大学や民間コンサルタントの協力を得ることもできるでしょう。本書では、それらの方法論を活用するための注意事項について、これから、より詳しく説明していきます。

2　多者間交渉の落とし穴

コミュニケーションの問題は、ファシリテーションである程度解決できるかもしれません。しかし、マルチ・ステークホルダー交渉には、目立たないものの、非常に大きなリスクが潜んでいます。具体的な例で見てみましょう。

†うまくいったワークショップのはずが……

佐藤さんが参加した公園設計ワークショップですが、初回に出てきたあまりの意見の多さに、何も決まらないのではないかと佐藤さんは心配でした。しかし、二回、三回と会を繰り返すごとに、案がまとまる見込みが立ってきました。二回目以降、参加者は少し減ったのですが、解決策が徐々に見えてきたことで、参加者はお互いの顔と名前を覚え、和気藹々《あいあい》と議論できるようになりました。ファシリテーターによる進行のおかげでもあります。

公園の半分は、ゲートボール場一面、兼、子供の広場とすることが決まりました。設計の専門家が図面を引いてみたところ、面積が限られていることから、駐車場やトイレの設置など考えると、大規模なゲートボール場はもともと不可能であることが明らかになり、老人会の代表者も納得しました。また、小規模のゲートボール場であれば近所の人しか使わないので、週一回だけ老人会が利用し、他の日は子供の広場とすることになりました。ママさんたちも、子供が走り回れる広場が確保できたことで満足です。さらに、低い柵で囲う設計とすることで、子供もゲートボールの球も外へ出て行かないので、両者とも満足です。

残り半分は、ビオトープとアスレチック遊具を組み合わせた設計となりました。中央に池を配置し、その周囲にアスレチック遊具を配置することで、どうにか所定の面積内に収めることができそうです。ビオトープの中に配置することで、アスレチック遊具も、より自然に没入した雰囲気が出そうなので、佐藤さんも満足です。

第四回のワークショップは、最終案について議論する場となりました。佐藤さんは、「今日でお開きだから、終わったら、みんなで昼間っから飲みに行ってもいいかな」などと浮かれた気分で、集会場に向かいました。集会場には、いつものメンバーが集まって、雑談していましたが、他にも初回で見かけた人、全く見たことがない人などが十数名いました。佐藤さんは仲間のところへ行って挨拶し、ひそひそ声で、

「見たことない人たちがたくさんいるんだけど、どうしたのかな？」

と聞いてみました。老人会の世話役で来ていたお爺さんは、

「どうもな、今回が最後ということで、役場がチラシをいつもよりたくさん配ったらしいんじゃよ。それで来た連中じゃないかと思うんじゃが。」

と教えてくれました。なるほど。確かに、初回の参加者募集は、町内会の回覧板で回ってきただけでした。佐藤さんは、これまでみんなで知恵を絞ってつくった計画案だから大丈夫だろう、と思いつつも、心に不安がよぎりました。

会が始まりました。最終回なので、まずは市の都市計画課長が挨拶をし、次にファシリテーターの高橋さん主導で、設計案の説明が始まりました。説明も、高橋さんが一方的に行うのではなく、広場兼ゲートボール場についてはママさんグループと老人会の方に発表してもらう、などの工夫が見られました。佐藤さんも、アスレチック遊具について発表しました。発表は緊張しましたが、自分が案をつくったという満足感から、佐藤さんはとても嬉しい気分になりました。まわりの仲間たちも、みな同じような感情を抱いているように見受けられます。

さて、発表が終わり、ファシリテーターは、会場の参加者の意見を求めることにしました。すると、数名が手を挙げました。

一人目は、日焼けした頑強そうな男性です。

「ちょっとはっきりさせてほしいんですが、初回で、野球場がほしいと要望しておきましたよね。あれはどうなったんですか。ちゃんと検討してもらえたんでしょうか。何か事情があってできないのなら仕方ないですが、意見だけ聞いておいてほったらかしというのは、いかにもお役所仕事じゃないですか。しかもどこかのプロ市民団体の人たちの意見だけ聞いたんですか？　きちんと説明してください！」

彼のまわりに座っていた男性たちもしきりに頷いています。どうやら、草野球チームのみなさんが集団でやってきたようです。佐藤さんは、自分はあくまで一般市民として参加したのに、「プロ市民団体」などと言われたので、カッとしました。

次は少し神経質そうな若い男性です。少し声が上ずっているようです。

「あ、あのですね、私はこの公園そのものを否定したいです。予定地の隣のアパートに住んでいるのですが、公園になったら昼間っからうるさいんじゃないかと心配で。私は夜型の人間で、朝までコンビニで働いているので、昼間は寝ていたいんですが、安眠妨害の責任をどうとってくれるんですか、市役所の方。」

発言が終わると、かなり恨めしい目つきで市役所の人を睨んで、席につきました。怖い人が近所にいるもんだ、と佐藤さんは少し怖気づいてしまいました。

ひと通り発言が終わりました。賛成の意見もないわけではないのですが、全く異なる施設を要望していたり、そもそも公園に反対であったりと、提案を否定するような見解がほとんどでした。ファシリテーターの人は、少し困った表情を見せつつ、今回のワークショップは、あくまで参加者の意見を聞いてまとめるための会であって、これですべてが決まるわけではない、と説明しました。これには佐藤さん他、ワークショップに毎回参加してきたいつもの仲間たちが驚かされました。週末を四回も潰して案をつくったのに、急に出てきた反対意見のせいで握り潰されるのか……。老人会のお爺さんは席を立って、発言した人たちのほうに向かい、

「あんたらなぁ、これまで一度も出てきてないのに、そんなこと言える立場にあると思っとるのか。身のほどを知れ！」

と叫ぶほど。ファシリテーターはお爺さんを宥《なだ》めようとしますが、草野球チームの人たちは怖い目つきで睨み返す始末。終了予定の時間も近かったので、壇上に市役所の人が立ち、閉会の挨拶を始めてしまいました。

「あ、あのー。すみません。今回は私たちの不手際でこのようになってしまい。はい。しかし、今回頂戴した案は大変よくできたものだと思っていますし、できるだけ実現したいとは思います。しかし、まだ議会に諮らなければなりませんし、つくることが決まったわけでもありません。個別のご意見に関しましては後日、ご説明に伺わせていただき、調整させていただこうと思いますので、今日はこのへんで終わりとさせてください。ありがと

うございました。」

会場に微妙な空気が漂いました。佐藤さんも、何かスッキリしないまま立ち上がりました。老人会のお爺さんは都市計画課長になにやら詰め寄っています。ママさんグループは「もう帰ろ、帰ろ！」と言い残して、自転車でどこかへ行ってしまいました。結局、佐藤さんは、みんなにほとんど挨拶することもできず、無力感にさいなまれながら、自宅までトボトボと歩いて帰りました。

†ステークホルダーを見落とすリスク

なぜこのようなワークショップになってしまったのでしょうか。第三回まで、ファシリテーターの活躍により、とても合意に至る見込みもなさそうな意見のすれ違いを、クリエイティブな解決策へとつなげることができています。しかし、最終回で、想定外の人々がやってきて、それまでの努力をフイにするようなことを言い出しました。この「想定外」が問題の根源です。このワークショップは誰でも参加できる、一種のマルチ・ステークホルダー交渉であったのですが、自由参加であったがゆえに、最初から参加していなければならなかったステークホルダーが参加していなかったのです。

つまり、一番大事なことは、ステークホルダーが誰かを事前にきちんと把握しておいて、交渉に必ず巻き込むことです。逆に重要なステークホルダーを見落としてしまうと、一度決着した後で、交渉が振り出しに戻ってしまうだけでなく、感情的なシコリなどが原因で余計な手間がかかります。

私が専門としている都市計画や公共事業の分野では、この問題が顕著になっています。戦後しばらくの間、行政機関が道路建設や河川改修などの事業を行おうとする場合、同じ役所の中の関係する部局、関係するその他行政機関（自治体など）、議員、町会長、その他地元の名士などと、非公式に交渉を進めて合意形成を図っておけば、だいたいの場合、その事業は実現できたようです。

しかし、人々の価値観が多様化するとともに、人々が計画に対して意見を述べる機会がいくつか制度化されたことで、従来の交渉の方法論では事業実現が難しくなってきています。言い換えれば、ステークホルダーが多様化してきているのです。従来の交渉のやり方をそのまま踏襲してしまうと、環境に関心のある人々や、町会とつきあいの薄い人々を交渉に巻き込めないために、計画がある程度決まった後で、突然大きな反対運動が起きるようなことがあります。まさに、ステークホルダーの見落とし、言い換えれば、時代の変化に追いついていない旧来のやり方が、反対運動や混乱に伴う損失（社会問題への対応の遅れ、感情的対立、政治的混乱、政府への信頼低下など）へとつながっているのです。

ステークホルダーの見落としは、先ほどの公園の事例など、公共性の高い問題でしか起きないと思われるかもしれません。しかし、ビジネスの分野でも、複雑な状況になればなるほど、一部のステークホルダーを見落とす危険性は高いですし、またそのことによる損失も甚大になる可能性があります。

逆に、あるステークホルダーを見落としていた場合でも、すぐにその見落としに気づいて、「交渉」の方針を修正できれば、新しい事業や技術開発に向けたチャンスとなることもあります。

たとえば、松下電器産業（現パナソニック）の事例があります。一九九〇年代後半に、冷蔵庫の環境配慮が足りないという理由で、環境団体のグリーンピースから激しい批判を受けることになりました。当時は冷媒として代替フロンが用いられていました。代替フロンは、オゾン層を破壊しませんが、地球温暖化の効果はCO_2よりも高いと言われています。だから、地球温暖化につながりかねない冷蔵庫を売るのはよくない、フロン以外の冷媒を使った冷蔵庫を販売すべきだ、という批判です。グリーンピースは、松下電器に焦点を当て、さまざまな抗議活動を行いました。

当時の松下電器はこの批判を真摯に受け止め、環境NGOを排除するのではなく、企業活動のステークホルダーと位置づけ、積極的な連携を図るようになりました。そして、日本の冷蔵庫のノンフロン化に必要な技術開発を推進し、二〇〇一年にはノンフロン冷蔵庫の発売を日本で最初に発表しています（発売は二〇〇二年）。

また、グリーンピースはノンフロン冷蔵庫の購入を消費者に促すことで、いわばＷｉｎ／Ｗｉｎの関係が構築されました。そして、当時にも増して「エコ」が重視され、ノンフロン冷蔵庫が当たり前になった現在でも、同社はトップメーカーとしての地位を保っているのです。

もちろん、現在では、ＮＧＯをステークホルダーとして考慮することは、どの業界でも常識になりつつありますが、ＮＧＯに限らず、重要なステークホルダーを早い段階で嗅ぎ分ける能力は、これからの企業経営において特に重要になってくることでしょう。

†リスクを減らすステークホルダー分析

ステークホルダーを見落とすリスクを最小限に抑えるために、ステークホルダー分析という手法を用いることがあります。何か交渉をしなければならない課題があったとき、交渉を始める前に、そもそも誰がステークホルダーなのかを、構造化して整理するための手法です。

これにはいろいろなやり方があって、たとえば、家族で夏休みの旅行先を決めるような場合や、社内で何か企画を通したい場合であれば、少し時間をとって、誰の了解をとらないといけないのか、誰が影響を受けそうなのか、などを想像して、リストにするだけで十分でしょう。細かいことまで考え出すとキリがありませんが、五分くらい少し落ち着いて考えて、紙に書き出してみるだけで、その後の交渉がそうとうスムーズに進むはずです。

もちろん、この手間を取ることで「余計な心配ごと」が増えるとは思いますが、そのぶん、公園設計のワークショップでみられたような、後でとりかえしのつかない混乱がおきる危険性が減ります。まさに「急がば廻れ」です（ちなみに米国の社会的合意形成に関する教科書では"go slow to go fast"と書いてあり、やはり「急がば廻れ」は世界共通の考え方のようです）。

†社会的合意形成のためのステークホルダー分析

社会的な合意形成となると、そのような簡便な方法では、問題を十分に整理できません。そこで、ステークホルダー分析の体系化された方法論が必要になってきます。ここで紹介する方法論は米国の都市計画や環境問題などで主に用いられている方法論で、「紛争（コンフリクト）アセスメント」「課題（イシュー）アセスメント」などとも呼ばれます。紛争解決においてステークホルダーの見落としを防ぐため、ステークホルダーを厳密に探っていく方法論ですが、いろいろと応用がききます。

このようなステークホルダー分析は、当事者ではない、少し離れた立場にいる人が行います。米国ではこのような分析を専門に行う人々がいますが、日本ではコンサルタントや大学の先生などが担うことができるでしょう。ステークホルダー分析を必要とする機関、たとえば行政機関やＮＧＯの当事者は、そのような人々に分析を依頼します。依頼を受けた人（「評価者」と言います）はまず、依頼してきた人から話を聞いたり、懸案となっている課題に関する新聞・雑誌記事を整理したりして、状況を把握します。次に、ステークホルダーと考えられる人々に聞き取り調査を行います。ここで、各ステークホルダーの本音を聞き出さなければならないので、聞き取りはできるだけ一対一の面談で行います。米国では電話で話を聞くことも多いようですが、日本だと、手間はかかりますがやはり、直接会わないとなかなか本音は出てこないようです。

また、集める意見をできるだけ偏りのないものとするために、聞き取り調査の最後で「誰か他に話を聞いておいたほうがいい人はいませんか？」と問いかけます。そこで名前が挙がってきた人たちからも聞き取りすることで、対象者を次第に増やし、多様な利害関心を捕捉しようとします。また、人づての紹介となるので、本音が聞き出しやすくなります。この技法を「芋づる式サンプリング」と言います。

もちろん、紹介だけでは偏ってしまう可能性もあるので、評価者は事前に集めた情報をもとに、紹介されていない人に話を聞きに行ってもいいですし、また、聞き取り調査をやっていますという事実を新聞やチラシなどで広報し、意見のある人は自ら名乗り出てください、と告知することもあります。公共的な課題であればあるほど、そのように誰もが意見を言える機会を設けておくことが重要です。

こう説明すると、ステークホルダー分析は、とんでもない時間と費用がかかるのではないかと、怖気づかれるかもしれません。しかし、実際にはそんなことはなくて、与えられた時間と費用の中で、できるだけの調査をすることになります。すでに聞いた意見と全く同じ意見が出てきそうであれば、紹介された人であっても聞き取りに行く必要はないでしょう。聞き取るという事実よりも、多様なステークホルダーを捕捉するという本来の目的を達成することのほうが大切です。最終的にどこまで調査するかは、評価者の判断に任されます。

こうして聞き取りが終わると、ステークホルダーを類型化して、それぞれのステークホルダーがどのような利害関心を持っているのかについて整理します。具体的には、次のページに例示する表のような形式で、関心事とステークホルダーの対応関係を整理し、どのような点について一致が見られ、どのような点では対立が激しいかを分析します。

	子供の安全	昼間の騒音防止	環境学習の場	遊具・運動設備	オープンスペース
近隣住民		○			
スポーツ団体				○	○
老人					○
学童	○		○	○	
児童	○			○	
幼児（ママ）	○				○

ステークホルダー分析の例

最終的に、分析結果を報告書としてとりまとめます。報告書では、どのような論点で意見の共有、対立が見られるかといった点、そして合意形成に向けた話し合いを行う場の設定について提案を示します。つまり、どのような点について、どのような人が参加して合意形成を図るべきかを示すのです。

3 ステークホルダーの定義が交渉を変える

一一八ページで挙げたフリーマンの定義にしたがえば、ステークホルダーはとても広い範囲の人々を意味することになります。たとえば、どこかで国道の工事をしようとするとき、ステークホルダーの中に、納税者である国民全員が入ってきてしまうことになります。それはいくらなんでも、と思われるかもしれませんが、もしその工事がたいへん「無駄」なものであって、マスコミに注目されるような事業であったのならば、やはり国民全員がステークホルダーであって然るべきでしょう。

米国の事例ですが、アラスカ州の、人口が五〇人しかいない島に橋を架けるという公共事業がありましたが、マスコミに"bridge to nowhere"(行き場のない橋)と揶揄されて、最終的には中止になりました。そもそもそのような事業を計画すること自体に問題があるわけですが、同時に、ステークホルダーとして国民の目線を考えておく必要があったのでしょう。そうしていたら、早い段階で中止することで余計な手間を省けたかもしれませんし、逆に、国民に必要性を理解してもらえて、事業が実現していたかもしれません。

†権利としてのステークホルダー

このように、ステークホルダーをできるだけ広くとらえてから、マルチ・ステークホルダー交渉を進めていくことが理想であるのですが、現実にはそうもいきません。あえてステークホルダーの定義を狭くとらえて、それ以外のステークホルダーを交渉の場から除外することによって自らの利益を推し進めようとする人たちも現実にはいるわけです。

たとえば、公園設計のワークショップで、最終回に人がたくさん集まったのは、開催案内のチラシを広範囲に配布したのが一つの理由でしたが、これまで意図的に狭い範囲にしかチラシを配布していなかったのではないかという、うがった見方もできなくもありません。広範囲に配布すると、公園を使いもしないのに、文句だけ言いに来る人が出てきてしまうのではないか、という不安もあるでしょう。

国政についても全く同じようなことが言えます。また米国の例になりますが、建国当初の参政権は非常に限られたものでした。いまでは信じがたいですが、女性の参政権が憲法修正第一九条により認められたのは一九二〇年でした。また、人種などによる制限もかなり最近まで残っていて、投票権法により、誰もが投票できるようになったのは一九六五年です。これもステークホルダーの定義に関わる問題です。国づくりにおけるステークホルダーとして認めてもらうため、さまざまな運動が展開されたのです。

このように「ステークホルダー」として多者間交渉に関与する者をどのように定義するかは、非常に重要な問題です。その定義が広ければ広いほど、民主的であると言えるかもしれません。もちろん、交渉に関わる人数が増えれば短期的には交渉の効率性が悪化する可能性がありますが、長期的に見れば、本当のステークホルダーがステークホルダーとして認められ、多者間交渉に関与できるほうが、合意に基づく安定した体制を構築できるようになるはずです。

†ステークホルダーとしての近隣住民——小田急高架化訴訟の例

たとえば、都市政策の分野では画期的なできごとが二〇〇五年にありました。道路建設や都市再開発など、行政機関が何か公共事業を行うためには正式な決定が必要なのは言うまでもありません。しかし、決定に不服だからといって裁判所に訴えても、審理してもらえるのは事業予定地の中に土地を持っている人などに限られていて、近隣住民などは訴えても「原告適格（訴える資格）」がないという理由で、門前払いになることが一般的でした。騒音や大気汚染が心配だという人たちも多いわけですが、事業を行うという「決定」そのものから不利益を受けるわけではないので、「決定」について訴える資格はないという判断でしょう。事業が完成して、もし何か被害を受けたら、そのときに再度訴えてきなさい、というわけです。しかしそのときには既に事業は完成してしまっているので、元に戻すことはできなくなっています。

こういう悩ましい問題があったのですが、二〇〇四年に行政事件訴訟法が改正され、その結果、原告適格の解釈が広がることになりました。そして二〇〇五年、小田急電鉄の立体交差事業に反対するグループが事業の中止を求めて訴えていた事件で、最高裁は近隣住民についても原告適格を認める決定を下しました。

事業そのものが中止になったわけではないので世間ではあまり注目されていないかもしれませんが、近隣住民に原告適格があると認めたことは、かなり大きな変化です。これまで近隣住民は、影響を受けるという意味でステークホルダーではあったのですが、裁判という文脈ではステークホルダーではありませんでした。そういうルールが、二〇〇五年の判決で覆ったのです。

この変化は、ステークホルダーとしての近隣住民に大きな力を与えることになります。従来は、交渉の場面で、近隣住民が行政などを訴えるという選択肢は本当の意味でのBATNAではありませんでした。なぜなら訴える資格がないのですから。しかし今後は訴える資格があるので、訴訟をBATNAとして考えてもよいことになります。その結果、公共事業に関する交渉において、近隣住民のBATNAが強化された、つまり交渉の力関係が変わったということができます。このようにステークホルダーの定義や、その交渉力は、交渉をよりメタな（高次の）レベルで定義している枠組みによって、大きく変わることがあります。

第５章

社会的な
合意形成とは

1　合意形成は交渉による利害調整

この章では少し視点を変えて、交渉について考えてみたいと思います。みんなが納得して、協力して行動することが必要な場面はたくさんあります。たとえば、ゴミを道ばたに捨てるのは、大半の人は、よくないことだと認識していると思いますが、現実の社会では、道路にゴミを捨ててしまう人たちはたくさん存在して、その結果、道路にゴミが散らかっている、という不愉快な事態をよく見かけることになるのです。こういう事態はよくない、ということで「ゴミのポイ捨てをやめよう！」といった広報活動が行われています。さて、そういう活動も、合意形成なのでしょうか。

確かに、大多数の人々が同じような意見を持って、それにしたがって行動する、具体的には、誰もがゴミを道路に捨ててはいけないという意識を持って、本当に捨てないようにするという目標に向けての活動ですので、ある意味では「合意形成」と言えるかもしれません。しかし、私が研究で扱っている「合意形成」には、そのような活動は含まれません。私はむしろ、「社会運動」と呼ぶことが多いです。

なぜかといえば、そのような活動には、交渉の要素がほとんど含まれていないからです。

これまで見てきたように、交渉とは、二人の異なる利害関心を持っている人たちが、共存共栄に向けた問題解決を図ることです。これまで何度も登場していただいた佐藤さんも、奥さんや子供さんと話し合うときには、お互いの意向を尊重して、できるだけみんなが満足できる解決策を模索していました。あのようなやりとりが、交渉なのです。

†意見を広めるための社会運動

私が社会運動と呼ぶような活動は、それぞれの利害を尊重するよりはむしろ、自分の考え方や主張を、他人にも賛同してもらうことで、同じ利害関心を持つ人たちを増やそうとする活動です。たとえば、ゴミを路上に捨てないようにしよう、という活動は、いま路上にゴミを捨ててしまっている人たちに、ゴミを捨てるのはよくないことだという認識を持ってもらい、その結果として道路などにゴミがたまることを防ごうとしているのでしょう。あるいは、大多数の人々が路上にゴミを捨てることはよくないと思っているという事実を顕在化させることで、国や地域として、ゴミを捨てる人たちに対してより強い取締りや罰則を課すことについて、大多数の人が賛成する見通しを明確にする（すなわち世論を形成する）ことでもあります。

たとえばここ数年、薬害事件や労働問題、犯罪被害者保護、飲酒運転などの社会問題に関して、さまざまな社会運動が行われていますが、あのような活動も、国民の大多数が同じ意見を持っている（であろう）ことを可視化することによって、政治家を動かしたり、新しい法律や政策をつくらせたりする圧力となっているのでしょう。

このように、自らの主張を推進するために、同じ意見を持っている人々が多いことを世に示したり、人々の意識を変えさせたりする行為は、交渉ではありません。また、それは「合意形成」ではないと私は思います。

たとえば、ゴミの問題について「交渉」をするのであれば、いまゴミを捨ててしまうような人たちと、美観を守りたいと思う人たちが対等な立場で話し合って、何が解決策なのかを模索する必要があります。そんなことをしてしまっては、ゴミを捨てるような人たちがまるで悪くないように思われてしまうではないか、彼らに正当性を与えてしまうではないか、と思われるかもしれません。私も、そんな交渉はなんか変だぞ、と直感的に思います。

しかし、交渉をするのであれば、交渉相手の正当性を認めなければなりません。ゴミを捨てる人たちも、「悪」ではなくて、何か理由や欲望があってそのような行為に走るのであろうから、彼らの正当性も認めた上で、問題解決の方法を模索するのが交渉となります。

もちろん私も、ゴミを道路に捨てることはよくないと思いますし、また薬害の被害者の方々や「派遣切り」に遭った労働者のみなさんへの支援は必要だと思います。よって、そのような社会運動が悪いことだとは決して思いません。むしろ、社会として絶対に必要な活動ではないかと思います。そのような社会運動があるからこそ、国民の大多数の意思というものがはじめて顕在化し、政策へとつながるわけです。社会運動がなければ、国が解決すべき社会的問題を設定することができません。また、官僚が一方的に問題を決め付け、人々のニーズにマッチしない政策をつくってしまうかもしれません。市民社会の側から議会や行政の役割を決定する上で、社会運動には大きな意味があります。

†社会運動の課題

そのような社会運動にも問題はあります。第一に、カネやヒトといった資源が、社会運動の規模に影響してしまう点です。日本ですと、社会運動といっても草の根の雰囲気がかなり強く、カネやヒトの多寡が、社会での影響力に直結しているかどうかはよくわかりません。あくまでも、推測でしかありませんが、リーダーとなる人の献身的犠牲や、マスコミとのコネクションといった、ある種の資源が、社会運動として国内で目立つためには必要であるようにも見受けられます。

海外のそのような活動を見ていると、そうした資源の重要性がより露骨な感を受けます。

特に米国ですと、ロビイングと言って、議員などに政治的圧力をかける行為がいろいろな形で行われているのですが、そのためには資金と人脈がきわめて重要になります。また国際NGOなど大規模な組織になればなるほど、その運営には専門的職能が必要とされるようになり、「市民団体」を運営するプロもたくさんいます。MBA（経営学修士）を持っている人もたくさんいます。こう言うと、社会運動に何か悪いイメージを抱かれてしまうかもしれませんが、先ほど確認したように、そのような活動も社会の中では重要な役割があることは間違いありません。ここで言いたいことは、その規模（目立ち度）がヒトとカネといった資源によってある程度規定されてしまう点も見落としてはならないということです。

日本が米国に学べる点があるとすれば、社会運動を行う団体のアカウンタビリティ（説明責任）です。たとえば最近、募金活動を行っている団体が実は私腹を肥やしているのではないかという疑惑が米国でありました。募金を集めても、結局はその組織の「運営経費（たとえば役員の給与）」に大半を費やして、募金の本来の趣旨である活動にお金が使われていないという批判です。確かにそのような組織がいくつもあったようで、最近では、集めた金額のうち、どれだけが本来の目的に使われているのかを公開する団体も増えていますし、またその比率を団体間で比較できるウェブサイトなどもあります。

このように、社会運動を行う団体も、その資金の使い道や、活動内容について、社会に対して透明化することが重要なのです。また、マスコミも、目立った活動だけに目を奪われずに、資金や人的資源が乏しいゆえに目立つことができない社会運動を、積極的に取り上げていく役割を果たしてもよいのではないかと思います。

†社会の亀裂を深める社会運動

もう一つ、社会運動には悩ましい問題があります。それは、町の美化といった大多数が賛成するようなことがらについての社会運動ではなく、価値観の対立にダイレクトに関わるテーマについての社会運動の場合、感情的な対立を深刻化させ、社会を二分する事態へと至る危険があることです。

具体的な例を見てみましょう。最近では日本のみなさんもよく知るところとなりましたが、米国ではキリスト教の原理主義が一定の勢力を保っていて、たとえば、ダーウィンの進化論を学校で教えてはならない、という人たちが地域によってはかなり存在します。ここで紹介するのは、進化論ではなく、妊娠中絶に関する問題です。

日本だと想像しがたいかもしれませんが、米国では宗教上の理由から妊娠中絶を全く認めない人々も多く、そして一時期は、中絶を根絶しようとする過激派が、中絶を行う病院に爆弾を仕掛けたり、医師に暴行したりして、実際に医師などが死傷する事態に至りました。最近でも、二〇〇九年には、中絶手術を行っていることで有名だったジョージ・ティラー医師が殺害されました。G・W・ブッシュ大統領は「対テロ戦争」を始めましたが、そもそも国内でテロ行為が多発していたのが米国の実態です。

同時に、妊娠中絶を認めるべきだ、というグループも強力に存在します。それぞれが、お互いに主張して、賛同者を増やそうと、日夜、社会運動を行っているのです。これは単に宗教の問題ではなく、政治の問題でもあります。それぞれのグループがロビイング活動を行い、保守系議員は中絶禁止、リベラル派議員は中絶容認の法案を出し合うようなことになります。議員も、組織票を獲得するために、そのような社会運動と同調するのです。

中絶を認めるか、認めないかということは非常に難しい問題です。他人のことだから放っておけばいいではないか、と思う読者もいるかもしれませんが、細胞分裂が始まったばかりの受精卵であっても、すでに「神の思し召し」を受けた人間であると考えるのであれば、中絶は殺人行為でしかありません。最近、米国では、幹細胞（stem cell）の研究利用に関して中絶と同様の論争が起きていますが、これも全く同じ理由です。幹細胞はヒトの受精卵から採取できますので、その受精卵を「殺す」ようなことは認められない人たちがいるのです。

認めるか、認めないかという二者択一の問題であるがゆえに、それぞれの社会運動は勢力を拡大するため、相手を攻撃します。いわば、Win／Loseしかありえない状況だとみなすこともできます。どちらかの主張がこの世から完全に消滅するまで、徹底的に攻撃することになります。ちょうど、伝染病を根絶するための活動のようなものです。感情的な昂揚も強まって、対話など考えられない紛争状況へと至ってしまいます。そして、極端なところまでいくと、クリニックの爆破など明らかな犯罪行為に至ってしまうわけです。

このように、社会運動が、その社会運動に賛同しない人々を物理的に攻撃するような状態にまで至ってしまうと、その役割を好意的に評価することはできないでしょう。しかも、二者択一の問題であるがゆえに、「交渉による合意」はありえなさそうです。確かに、中絶を認める、認めないという問題について、交渉で一〇〇パーセント解決することは不可能です。これはあきらめざるを得ません。しかし、交渉がポジティブなメリットをもたらす可能性もあります。

†価値観対立を問題解決に転換する活動

中絶を認めることの是非について、米国では大問題となっていることは既に述べたとおりですが、いい加減、対立をやめて何か解決策を模索できないのか、と疑問を抱き始めた人たちがいます。平和構築の分野で有名な、サーチ・フォー・コモン・グラウンドというNGOの「生命と選択のネットワーク」というプロジェクトは、一九九三年から、中絶に関して対立する意見を持つグループを対話させることで、解決策の模索を図りました。もちろん、それぞれの立場が変わることはありませんでした。感情的な対立は避けようがありません。

しかし一つだけ、大きな進展がありました。それは、「所得の少ない十代の女性が意図せずに妊娠している」ことについて、実は双方とも問題意識を持っていたことがわかったのです。これが、両者が共存できる対話の土台となりました。その土台に乗っかって、具体的な解決策を考え始めました。その結果、十代の妊娠を防ぐこと、選択肢として里子制度をより広めること、暴力行為を予防することなどについて、参加した中絶容認派、反対派の間で、一定の合意に達することができました。

この論争では、いずれの側も価値観を変えていません。ですから、中絶そのものについて、相手の言っていることは間違っている、とは思い続けています。しかし、相手の主張を否定して、自らの主張を広めているだけでは、いま、現場で起きている課題の解決にはつながらないことを理解したのです。渋々であっても、お互いに納得できる論点を見つけ、何か具体的な行動を起こすことにしたのです。これは「社会運動」から「交渉」への転換でもありました。

社会運動は共存を前提としていません。むしろ、異なる思想を排除しようとします。交渉は共存を前提としています。異なる思想、価値観を持った人々と共存し、お互いにメリットがある解決策を模索する行為が交渉なのです。ですから、社会運動の対立であっても、対立する運動が共存の必要性を認識すれば、交渉によってその対立を、破壊的な活動から生産的な活動へと転換することができるのです。

2　ビジネス交渉と社会的合意形成の違い

これまで、合意形成は交渉であるという主張をしてきました。その点について何らブレはありませんが、ここで少し、交渉と合意形成の違いについても考えてみたいと思います。交渉といっても、これまで見てきたように、佐藤さんファミリーの家庭内交渉から、妊娠中絶について対立するグループ間の交渉まで、大変幅の広いものです。ですがここでは、わかりやすくするために、ビジネスの交渉に限定してお話していきたいと思います。

ビジネス交渉というのは、自分にとって有利な合意を導こうという駆け引きはありますが、やはりＷｉｎ／Ｗｉｎとなるために、利害関心を考慮して、お互いにメリットをもたらすような解決策を模索する取り組みです。その中で、先ほど出てきたような「社会運動」的な側面はきわめて限られています。企業間の取引であれば、それぞれのミッションは明確に定められているので、相手の価値観を変えようとすることは、取引上ほとんど無意味なことでしょう。お互いの価値観、利害関心は所与の条件であって、その条件を満足させる解決策を見つけることが交渉という作業なわけです。

さて、ここで対照的に、社会的な合意形成について考えてみましょう。たとえば、年金制度はどうすべきか、国の安全保障はどのように確保すべきか、地球温暖化を抑えるために何をすべきか、といった課題です。このような課題について検討して、政策を決めて、政府が実行するためには、通常、社会的合意形成が必要とされます。もちろん、完全に非民主的な国家であれば合意形成は必要ないでしょうが、これら社会的な課題への対応について、国民の大部分が強い不満を持つようなことがあれば、そのような政府は民衆蜂起やクーデターなどで強制終了させられるでしょうから、やはりある程度の社会的合意形成というものは、どんな国であっても必要となります。

社会的合意形成であれば、ステークホルダーの数が多く、多様であることは前の章で述べたとおりです。ビジネス交渉は特定の企業間の一対一交渉であることが多いのに対して、社会的合意形成はマルチ・ステークホルダー交渉となります。しかし、一対一であれ、マルチ・ステークホルダーであれ、いずれも「交渉」であることには大きな違いはありません。

†社会運動の側面を持つ社会的合意形成

ビジネス交渉との大きな違いとして、社会的合意形成には、交渉だけでなく、社会運動のような側面も少し含まれるという点が挙げられます。ここで、言っていることが矛盾していると思われるかもしれません。注意していただきたいのは、社会運動をしているだけではその行為が合意形成だとは言えませんが、社会的合意形成には（交渉に加えて）社会運動的側面も含まれる、ということです。

第一に、そもそも何について社会的合意形成が図られるのか、という点で、社会運動的側面を孕んでいます。ビジネス交渉であれば通常、交渉の題材はある程度決まっています。しかし社会的合意形成の場合、題材となる社会問題は、規模が大きくなればなるほど、流動的で不安定です。いま注目されている社会問題も、数年前にはあまり着目されていなかった社会問題でしょうし、逆に数年前、社会を騒がせた大問題でも、いまとなっては忘れ去られてしまっているものも少なくありません。

たとえば、二〇〇八年には、原油価格が高騰、レギュラーガソリンの価格がリッター一八〇円を超え、石油依存からの脱却、自動車から公共交通機関への転換、その他環境全般への関心の高まりなど、まるで石油ショックのときのような大騒ぎになりました。「オイルピーク」という専門用語も、ニュースで報道されるようになりました。しかし一年後には、あっという間にガソリン価格も低下し、しかも休日の高速道路料金上限一〇〇〇円制も相まって、連休には高速道路は大渋滞。石油がなくなるかもしれないという社会不安はどこへ吹っ飛んでしまったんでしょうか。

なぜそのようなことが起きるかというと、結局、大多数の国民が同時に関心を持てる課題の数には限りがあるからでしょう。誰もが百も二百もの課題を同時に考えることなどできません。結局は、印象に残る事件の発生や、マスコミなどを通じた「世論」形成の結果、限られた数の課題が、社会的合意形成の対象として選択されるのです。このような、論点の浮き沈みを、政治学では「イシュー・アテンション・サイクル（issue attention cycle）」などとも言います。

ここで、どのような課題が注目されるのかというと、国民一人一人への影響が大きい課題がそうだ、というわけでは必ずしもありません。もちろん本当に影響が大きい課題は注目を集めますが、それだけでなく、どのような形で報道されるのかも重要な要素です。そうなると、何か特定の課題に強い関心を持っている人々は、「この課題は重要だ」と数多くの人々に認識してもらうために、社会運動を行います。たとえば、地球環境に関心のある人々が中心となってアースデーというイベントが毎年行われますが、あれも、地球環境問題をより多くの人に認識してもらうための社会運動の一例です。

こういう活動を政治学では「アジェンダ・セッティング（agenda setting）」と言います。政策が実現するまでの間、対象となる社会問題に関心を持っている人々は、長年地道な活動を続ける。しかし、人々の注目を集める大事件の発生などといった契機で、その社会問題が社会的合意形成の「まな板」の上に乗り、議論が喚起され、政策となる、という一連の流れを定式化したものがアジェンダ・セッティングです。そういう社会的な議論の「まな板」が英語で言うところの「アジェンダ（議事）」で、どうやってまな板の上に乗っけるか、がアジェンダ・セッティングの研究対象となるわけです。

なぜ、アジェンダ・セッティングの説明をしたかと言うと、交渉で問題解決が図られる社会的合意形成であっても、その前段階で、そもそも何をテーマに交渉をするかのところで、社会運動の要素が入ってくるということを強調したかったからです。社会的合意形成を図るべき社会問題の選択は、マスコミでの報道や、最近ではインターネットでの情報流通といったものに大きく左右されます。米国では最近、ツイッターというミニブログが、イランの大統領選挙やハイチの大地震など、国際問題のアジェンダ・セッティングで大きな影響力を持ち始めたようです。ビジネス交渉では、既に解決すべき問題がある程度見えているので、何を議論するかは、あまり重要ではありませんね。

第二の社会運動的側面ですが、ステークホルダーの定義に関するものです。これは前章でも少し触れましたので説明は簡単にしたいと思いますが、誰がステークホルダーとなるかによって、合意形成の結果が大きく変わる可能性があります。交渉による合意形成に参画していないが、自分はステークホルダーであって、交渉に参画する権利がある、と思っている人たちは、ステークホルダーであることを認めてもらおうと、社会に訴え出るのです。いろいろな社会運動となりますが、究極的には訴訟という形に発展することが多いのではないでしょうか。

前章で例示した小田急電鉄立体交差化も、判決によってステークホルダーの範囲が変更された事例です。近隣住民が、法律や規制では明示的に権利が保護されていない日照や景観などの「権利」の保全や「被害」への賠償を求めて訴訟をしても、結果として訴える資格そのもの（原告適格）や「被害」の存在が認められないという事例は数多く、近年では漫画家楳図《うめず》かずお氏の邸宅の外壁塗装をめぐって訴訟が起こされましたが、楳図氏の勝訴となりました。また以前には、奄美大島の動物たちを原告とする訴訟が起こされたこともあります。

このように、訴訟によって自身がステークホルダーであることを認めてもらおうという社会運動は絶え間なく存在します。もちろん、訴訟は社会的合意形成ではありません。ただ、交渉による合意形成においてきわめて重要な意味を持つ、ステークホルダーの設定は、社会運動の影響を常に受けているという事実は、社会的合意形成における社会運動的側面の一つと言えるでしょう。

最後に、現実の社会的合意形成の中で、価値観や利害の変化は十分に起こりえるということも認めなければなりません。交渉では、各当事者の価値観や利害関心は不変であることを前提に、それぞれの利害関心を満足させる最適解が模索されます。端的に言ってしまえば、人間は自分の考え方を変えることはない、という前提です。

しかし本当にそうかといえば、人間は、特に長い時間が経てば、新しい事実が発見されるなどして、いくらでも考え方を変えることはあるわけです。たとえば、二〇世紀初頭まで、世界の多くの地域で人種差別が当然のように行われていました。現在では（全く消滅したとは言えませんが）人種差別は一般的に受け入れられるものではありません。自然や景観といったものの相対的な価値も、ここ五十年程度でかなり高くなったのではないでしょうか。もう少し短いタイムスパンで考えてみれば、地球温暖化に関連して「エコ」に対する関心は急激に高まっているような印象を受けます。

ですから、価値観が不変であるという、交渉の前提自体に問題があるという指摘もできるとは思います。しかし、ビジネス交渉のような場面で企業がその価値観を大きく変えるようなことはまずありませんし、社会的合意形成であっても、先ほど紹介した妊娠中絶の事例のように、交渉による問題解決を狙えば、やはり価値観は不変であるという前提も間違いではなさそうです。ただ、そういう短期的かつ個別具体的な取り組みに限定せず、大規模な社会問題を長期的に見据えると、価値観の変化は十分に考えられます。

たとえば、ハーバーマスという哲学者は、「公共圏」という言葉を使って、利害関係に縛られない自由な対話によって、公共的な価値観が生まれてくるということを言っています。私たち大多数の現実の生活は、利害関係に縛られているので、そういう理想的な対話は難しく、「交渉」になってしまうのですが、長期的に考えてみれば、コミュニケーションの積み重ねによって、社会に存在する価値観の様相が変化していくこともまた、事実であります。

†熟議型民主主義の実践としての社会的合意形成

このような背景から、政策形成を、交渉による問題解決だけでとらえるのではなく、対話によって、公共的な価値観を創生していくことが重要だという「熟議型民主主義（deliberative democracy)」という考え方が、私のいる業界では、ここ十年くらいのトレンドになっています(この専門用語は、日本語訳が複数存在するので、英語でも併記しておきます)。この思想自体は重要だと思いますので、私も研究していますが、注意しておかなければならないのは、交渉による問題解決も、社会的合意形成の中で欠かすことのできない、重要な役割を果たしていることです。熟議型民主主義が大事だからといって、朝から晩まで目前の問題解決につながらないような対話を続けられるほど、私たちは金銭的にも時間的にも余裕はないはずです。

このように、社会的合意形成は、さまざまな社会運動的側面が存在するために、ビジネス交渉と全く同じ扱いをすることはできません。こう言ってしまうと、やはり自分が普段、直接関与している家庭内やビジネスの交渉と、政治家や役所がやるような社会的合意形成は全く別物ではないか、と思われるかもしれません。また、民主主義の原理など難しくて自分には理解できないとも思われるかもしれません。

しかし、再度強調しておきたいことは、共通点のほうが圧倒的に多いということです。第1章と第2章で述べた交渉学を使えば、家庭内の交渉から外交交渉まで、同じ土俵の上で、合理的に分析することができるのです。社会的合意形成となると、ステークホルダーが多数で、考慮すべきことがらも大変複雑ではあるのですが、本質は利害調整に主眼を置いた交渉なのです。長期的かつ全国的な政策課題となると、社会運動という側面が目立つために、普段行っている交渉とはかなり違うものに見えてしまうだけです。

†社会的合意形成の実践としての「投票」

自分は社会的合意形成など関係ない、と思った人もいるでしょう。もしかするとこの章を既に読み飛ばしてしまっているかもしれません。しかしそんなことはありません。みなさんは税という形で政府や自治体にお金を支払っています。消費税もいれると、けっこうな額になるはずです。税金を払っているんだから、国や自治体は自分が満足できる生活環境を提供してくれるのが当然だ、という考えの人もいるかもしれませんが、それは大間違いです。税金というのはサービスの対価ではなくて、あくまで国や自治体という組織を運営するための出資金に過ぎません。

国や自治体がどういうことをするのかは、国民なり住民なりの社会的合意形成で決まるのです。そのために、国会があり、地方議会があり、首長選挙があるのです。マスコミが形成する「世論」やネット上での議論も、社会的合意形成の一環として位置づけることもできます。最近では行政が市民参加などと称して直接意見を聞いてくることもあります。また社会的合意形成の前提としての社会運動（デモなど）も存在します。こういう媒体を通じて、納税者であるあなたの意向が、政策へとつながっていくのです。

確かに、選挙制度に問題がないわけではありませんし、また、マスコミも「世論」を十分伝えているかどうかも怪しいところです。かといって、デモのような直接行動に参加するのは大変です。こうして、いわゆる政治離れが起こるのでしょう。いわば、自ら、社会的合意形成のステークホルダーとなることを拒否している人たちが増えてきているのではないでしょうか。たとえば、都議会議員選挙の投票率は、長年減少傾向にありますし、大幅に回復した前回二〇〇九年七月の選挙でも、一九七〇年代以前の投票率には及びません（幸いなことに国会議員選挙の投票率はあまり変化がありません）。

ですが、社会的合意形成を、いま一度、交渉だと考えてみてください。もし、あなたが選挙に行かず、マスコミやネットなどの世論形成に関与せず、市民参加などの場にも出向かなければ、あなたは自ら、交渉の場を避けていることになります。それで交渉が止まればよいのですが、あなたが知らないところで、その交渉は勝手に進行してしまいます。もし、ビジネスで同じような状況だったら、あなたはどうするでしょうか？　当然、交渉に参加するでしょう。あなたの知らないところで、あなたの会社が大損をするような取引を勝手に決められてしまう可能性があるからです。全く同じことが、社会的合意形成についても言えるのです。

もちろん、あなたの一票の投票が持つ影響力は、あなた自身が関わるビジネス交渉に比べてきわめて小さいでしょう。しかし、投票を棄権するのは、やはり「交渉」の観点からして非常に危険な選択肢だと思われます。棄権することは、自分が望む候補者がいないというメッセージを発するのではなく、単に、他人に交渉を任せ、そのなすがままになる、という白紙の委任状を出しているようなものです。

選挙の話に偏ってしまいましたが、やはり、何らかの形で社会的合意形成に関与するということは、われわれ一人一人の義務であり、また自分の生活をよくするための必要条件であるようにも思えます。また、次節で見るように、純粋にビジネスの交渉であったとしても、社会的な問題を無視するわけにはいきません。

3　ビジネス交渉における社会的責任

ビジネスマンのみなさんは、前節を読んで、「社会的合意形成なんてムズカシイことは自分の仕事とは関係ない」と思われてしまったかもしれません。確かにビジネスの交渉と社会的合意形成には違いがあります。しかし、何度も言うように、全く違うわけではありません。むしろ、ほとんど同じだけれども、あえて違う点について強調したのが前節の説明です。実際、ビジネス交渉であっても、社会的合意形成のような性格を強く持った交渉もあります。少し抽象的な話が続きましたので、ここで再度、佐藤さんに登場していただきましょう。

†佐藤さんのコピー用紙の調達

佐藤さんは、会社では総務部で調達担当の課長です。今日、会社で使うコピー用紙、一年分の調達について、社内の意思決定を図ることになっています。すでに、出入りの複数の業者から見積をもらっています。これまで「交渉学」を学んできて、BATNAの重要性は痛いほど理解しています。特定の業者に依存するような取引は、将来、足もとを見られる危険がありますし、きちんと相見積を取って、複数業者と交渉しておいたほうが、上司も納得してくれます。

佐藤さんは、二番目に安い見積を提示してきた業者にまず交渉を持ちかけ、どの程度値引いてくるか、どういう付帯条件を出してくるか様子を見よう、という戦略でいくつもりです。いずれにせよ、毎年スムーズに処理できている案件なので、あまり心配はしていません。

午前一〇時から社内ミーティングが始まりました。佐藤さんの他、総務部長と佐藤さんの部下二名が参加しています。まず、佐藤さんから、コピー用紙の調達について、昨年までの実績と、今年度の計画について説明しました。意見があるかどうか聞いてみたところ、意外なことに、部下の吉田さんが手を挙げました。

「あのー、一つよろしいでしょうか……。」

「うん。何かな?」

「あ、このマルチペーパーというのですが、普通のコピー用紙ですよね。」

「ああ。特に変わったところはないと思うよ。強いて言えば、会社の方針で、リサイクル率七〇パーセント以上、ってことになってるけど。」

「あの……すいません。すこし意見させてください。あの、PEFC、FSCってご存知でしょうか。いずれも森林認証制度なのですが、このマークがついている商品は、持続可能な森林の保全に貢献しているといいますか、無秩序な伐採による原料を使ってないという証明なんです。ですから、このような商品を使ったほうがよいのではないかと思いまして、提案させていただきました。」

佐藤さんも、認証のことはどこかで聞いたことがあるような気がしましたが、今回は気にかけていませんでした。あくまで価格の交渉であるし、会社の基準はリサイクル率七〇パーセント以上で、これは国のグリーン購入法の基準に則っているということも、企画部の環境担当から聞いていました。とりあえず、もう少し話を聞いてみることにしました。

「で、それだと、いくらになるんだい？」

「はい、見積を取っておきました。○○物産が一箱三二五〇円、△△商事が三四〇〇円だそうです。」

「そりゃ、高すぎるよ。年間で五〇万円くらい余計にかかるんじゃないかい。」

「あの……確かに高いんですが、環境によい選択のほうがよいかと。」

ここで部長が、厳しい顔つきで吉田さんに問いかけました。

「ん、わかった。で、これでわが社にどういうメリットがあるのかい？」

吉田さんは言葉につまってしまいました。環境によいことをするのは当然だろうと思っていたので、会社へのメリットと言われてもすぐに思いつきません。佐藤さんが助け舟を出すことにしました。

「まあ、こういうのを会社のウリにすることもできるでしょうね。CSR（企業の社会的責任）報告書の印刷だと、こういう用紙を使うのが一般的ですから。すべてのコピー用紙でこういうのを使ってますと言えれば、もっといいんじゃないですかね。」

「それはそうなんだが。佐藤君、こんなに高いの買って責任取れるかね。決算のときに目をつけられたら、君の出世にも響くぞ。」

「では、お時間いただいて、この件、少し調べさせていただけますでしょうか。」
「わかった。だが、この契約、今週中には片付けておいてくれよな。」
「はい、わかりました。ありがとうございます。」

佐藤さんは非常に悩ましい選択を突きつけられることになりました。もともとは、価格を競わせるだけの、かなり単純な交渉を想定していました。納期や支払条件なども協議して、統合的交渉に持ち込む必要もあるかと思っていましたが、それでもいつもの交渉と大きな違いはありません。ですが今回は、吉田さんの問題提起を受けて、経済性（エコノミー）に加えて、環境（エコ）についても考慮しなくてはならなくなりました。

佐藤さんは環境部門の担当者に相談することにしました。環境部門の予算で、追加コストを少しは補塡できるかもしれないとのことです。また、環境部門でコピー用紙の削減に全社で強力に取り組むので、昨年度より確実に一〇パーセントは使用量が減るという情報も得ました。それでもやはり、将来の昇進に響く大ミスを犯すことは避けたいので、部長と相談し、森林保全に貢献するコピー用紙を利用することを、全社のCSR活動に位置づけてもらうよう、働きかけることにしました。CSR活動は社長も参加する委員会で決定されます。運がいいことに、委員会は三日後に開催予定で、契約期限までに間に合いそうですが、翌日までに提出資料をまとめる必要が出てきました。

佐藤さんはCSR委員会に提出する資料の作成に集中しました。かなり不安でしたが、吉田さんの熱意、そして佐藤さん自身のエコに対する問題意識から、やはりここはいちかばちか、提案すべきだろう、と決心しました。

CSR委員会は午前十一時から始まりました。佐藤さんはまだ自信がありませんでしたが、不安なそぶりを見せまい、と気合を入れてプレゼンしました。取締役の一人から、採算性に関する厳しい質問が出てきましたが、前もって想定していた質問だったので、事前に何度も練習していた回答を、自信を持ってしまいました。その後、会議室は静まりました。緊張が走ります。社長が静寂を破りました。

「すばらしい提案じゃないですか。ぜひ、やってください。総務部もなかなか有能な社員を抱えていますね。」

これで佐藤さんの会社が、森林認証を受けた紙を使うことになりました。会議の後、佐藤さんは吉田さんに聞きました。

「なんであんな提案をしたの?」

「私、学生のときに、環境問題のゼミにいたんです。そのときの先生が、熱帯雨林の保全活動にも関わっていて、この紙の認証制度のことを教えてくれまして。先生がほんとに熱心に活動されてたんで、感動したんですよ。それで、今回恩返ししなきゃいけないなー、なんて思って、勇気出して提案してみました。」

†ビジネスにおける社会的合意形成

ここまで、佐藤さんの会社が、従来通りの環境基準を満たす紙を使うよりも、少し費用はかさむけれども森林にやさしい紙を使おう、という決断をした事例を見てきました。この事例がどう、社会的合意形成に関わっているのでしょうか。三つのポイントがあります。

第一に、ステークホルダーの数が多く、社内の合意形成も必要であった点です。当初佐藤さんが想定していた交渉は、会社を代表する自分と、納入元の二者間交渉でした。ビジネス交渉の大半がそのような形をとっているのではないかと思います。しかし今回、佐藤さんは、納入元だけでなく、社内のさまざまなステークホルダーとの合意形成を実現しなければなりませんでした。森林保全に貢献するコピー用紙を使用することについて、社長を含むCSR委員会、上司である総務部長、予算を補助してくれる環境部門、そして部下の吉田さんなどとの合意を得る必要がありました。

これは社会的合意形成に似ています。たとえば、気候変動（地球温暖化）対策に関する国際交渉ですが、日本政府が国連などの場で世界を相手に交渉するにしても、まずは国内の政府機関（環境省、経済産業省、外務省など）が、どのような戦略で交渉に臨むかについてある程度合意を得なければなりませんし、さらに各省庁は関連する業界、政治家、NGOなどとの合意形成を図らなければなりません。

ビジネス交渉であっても、規模が大きく、ステークホルダーの数が多い場合には、社会的合意形成と同じように、複数の場で、段階を踏んで合意を獲得していかなければなりませんし、必要に応じて根回しなども行わなければなりません。そういう意味で、かなり似ているのです。

第二に、従来の交渉に、「環境」という変数が新たに追加された点です。交渉は、お互いの利害関心がある程度、明確になっていて、それぞれの利害関心をできるだけ満足させる条件を模索する作業でした。佐藤さんは従来、価格や納期など、一般的な商取引の条件についてばかり考えてきました。もちろん、交渉学を学んだ佐藤さんは、複数の利害関心について同時に取引する必要性を知っていましたが、それら複数の利害関心（取引材料）は、いつもほとんど同じものでした。

ここで、部下の吉田さんの提案がきっかけとなって、「環境」という変数が入ってきました。佐藤さんも、環境について全く考えていなかったわけではありませんが、企画部の環境部門がつくった基準に従って、商品を選んでいたに過ぎません。今回は、環境によりよい商品にするか、とりあえず基準を満たす商品にするか、という選択肢が新たに増えたのです。

社会的合意形成では、交渉の内容が多岐にわたり、複雑であるために、事前に自分が想定していなかったことがらについても、自分はどういう利害を代表するのか、交渉の過程で考えなおす必要が出てきます。他のステークホルダーの話を聞いて、自分の考えが少し変わることもあるでしょう。

佐藤さんが今回、森林保全についてまで考えることになったきっかけは、吉田さんの提案であり、さらに遡れば、吉田さんが学生時代に師事した先生の熱意です。彼らがいなければ、佐藤さんは従来通りの交渉をしていたでしょう。彼らが佐藤さんの会社に、「環境保全」という価値観を持ち込んできたことで、新しい変数が交渉に追加されたのです。

会社といっても、未来永劫変わらないわけではなく、社員は出入りしますし、経営方針も変わるでしょう。社会の一部であるからこそ存在価値のある企業が行う交渉なのですから、社会の変化に合わせて、企業自らの利害関心も変化するはずです。よって、ビジネスの交渉であったとしても、社会的合意形成のように、その過程を通じて、自らの利害関心の対象が変化することは、十分にありえるのです。

第三に、外部の人々の視線が影響を与えている点です。社会的合意形成であれば、実際に集まって協議している人たちだけでなく、その外部にいるステークホルダーたちが、協議の結果である合意をどうとらえるかは、大変重要な問題です。たとえば、国会で議論して法律や予算を決めるときに、国会議員が自分自身の利害だけを考えて交渉し、結果として、議員だけが得をして、国民の大多数が損をするような法律や予算を決めてしまったら、国会議員は大顰蹙《ひんしゅく》を買うでしょう（実際、国会ではそのようなことが行われているように思われている節もありますが）。

議会でなくても、たとえば、市民参加によって公園の計画を立てるという場合（第4章の例）のように、参加している人たちだけの都合ではなく、参加できなかった人たち、近隣住民など、幅広い人たちの意向も考慮しておく必要がありそうです。話し合いの場にいる人たちの都合だけで決めてしまうような交渉は、社会的合意形成とは呼べません。

佐藤さんの会社も、「社会の視線」を気にしています。CSR委員会という組織が存在すること自体、気にしている証拠ですし、また、気にしているからこそ、追加支出をしてでも、環境にやさしいコピー用紙を選択するのです。

最近では、ほとんどの企業が、CSR活動を何らかの形で行っています。というのも、やはり、企業とはいえ、社会の一員であって、社会のステークホルダーがどう、その企業を評価するかが、企業の経営に影響するからです。企業イメージの悪化が商品の売れ行きに直接影響する、大量消費財を扱うメーカーとしては特に気を使うところでしょう。そのような企業でなくとも、最近では、収益だけではなく、企業のCSR活動などを評価した上で、投資先を選択する投資家も出てきています。そのような投資は、SRI（社会的責任投資）と呼ばれ、環境対応などの面から企業の格付けが行われています。優良企業のみを投資対象とした投資商品を販売する金融機関や、投資家に情報提供を行うNGOもあります。

ビジネスに必要とされる長期的視点

このように、ビジネス交渉であっても、短期的な企業利益の最大化のみを目標として交渉が行われるとは限りません。短期的には利益につながらなくても、社会からの信頼を獲得し、さらに批判を受けるリスクを抑制するために、長期的な視点から、社会的責任を果たせるような交渉を、これからのビジネスは目指すべきでしょう。

佐藤さんのコピー用紙調達は、一年間の契約ですが、環境にやさしい紙を選んだことで、その期間内に、会社にメリットがあるかどうか保証はありませんし、たぶん、目に見えるメリットは、すぐに出てこない可能性が高いと思います。それでも環境にやさしい紙を選ぶのは、企業の選択も、社会的合意形成におけるそれと同じく、やはり社外の人々の視線を気にしているからに他なりません。

もちろん、このような社会的責任を果たすための選択は、見返りを短期間で期待するような投資家にとってはメリットがないかもしれません。最近は何かと「株主」ばかり重視される傾向があるように思えます。確かに、収益につながらない社会の視線には目を向けず、短期の利益最大化を狙った交渉を企業に続けてもらったほうが、投機的な投資家にとってはいろいろなメリットがあります。

しかし、短期的な見返りしか考えない投資を繰り返していると、いつか誰かが「ババを引く」ことは、昨今のサブプライム問題で再認識されたはずです。株主のことをまったく考えない経営者も問題でしょうが、投資の見返りにしか興味のない、貪欲な株主のご機嫌ばかり窺っている経営者も、この先、投資先として不確実性が高いように思われます。

最近、持続可能性（サステナビリティ）という言葉が、環境の分野で頻繁に使われます。この言葉を、企業の経営、ビジネス交渉について考えるときにも使ってみてはどうでしょうか。いわば、持続可能な経営（サステナブル・ビジネス）です。浮き沈みの少ない、安定した持続可能な経営が、企業という組織にとって究極の目標であるはずです。持続可能な経営を実現するためには、利益最大化を狙う狭い意味での「交渉」ではなく、多様なステークホルダーが参画でき、また、新たな価値観にも柔軟に対応できる交渉、目の前にはいない、社会の大多数の人々のことまでも慮《おもんぱか》った交渉を、これからのビジネスは取り入れていかなければならないのではないでしょうか。

4　社会的合意形成における価値の配分競争

Ｗｉｎ／Ｗｉｎの問題として、価値の生産という協力的な側面だけではなく、価値の配分において競争的な側面があることにも注意しておく重要性を述べました。これは社会的合意形成の場面でも、全く同じことが言えます。

†近所の高速道路の環境対策

佐藤さんの家の近所に、近い将来、高速道路ができることになりました。佐藤さん自身、自動車に乗るので、便利になることはよいのですが、騒音や大気汚染について全く心配がないわけではありません。町内会では、事業を行う高速道路会社と、環境対策について交渉を進めているそうです。交渉の結果、以下のような条件で妥結したようです。

・高さ五メートルの防音壁を設ける
・側道に花壇を設け、子供会や老人会などで管理する

・工事の期間中は、工事用車両の主なルートに警備員を配置し、万全を期す

これに対し、隣の町内会では、防音壁を設ける他は、特に環境対策は行わないという方針で合意に至ったそうです。いずれも、国の環境基準を満たしていますし、また安全上の基準なども満たしているということです。

では、なぜこのような違いが生じたのでしょうか。佐藤さんの町内会の交渉担当者は、定年退職したばかりのもと敏腕ビジネスマンで、アンケートなどで町内の意見のとりまとめを行い、他の高速道路の事例なども調べ上げて、できるだけ町内会にとっていい条件を引き出そうと、交渉にのぞみました。逆に、隣の町内会では、持ち回りで任命された町会長が担当になり、特に町内の意見のとりまとめなども行わず、道路会社が出してきた条件が、法律に基づくものであるということから、そのまま受け入れることにしたようです。

われわれは、公共事業をはじめ、政府が提供するサービスはすべて全国一律である、と思い込んでいる節があります。実際、地域によって大きな差が出るようでは、不公正な気もします。しかし、現実に建設されている公共施設を見てみると、やはり地域によってある程度の差があるようにも見受けられます。その理由を、政治家による駆け引きの結果だとみなすこともできるでしょうし、実際、そのようなことも過去には多く行われてきたのかもしれません。

†コミュニティの交渉力と価値の配分

しかし、政治家の票稼ぎだけによるものではないと私は思います。むしろ、地元のコミュニティがいかに、交渉を上手に進めたかによって、公共事業の質はずいぶん、変わってくると思います。

規制に適合し、法で定められた手続きをきちんと踏んで計画されていれば、いかなる公共事業であっても合法と認められるはずです。しかし、法規則で定められた最低限以上の環境対策が、いろいろな形で行われているのが実態です。すなわち、よい条件を得られるか、それとも法で認められたギリギリの条件しか得られないかは、コミュニティの交渉力にかかっていると考えられます。もちろん、地域によって環境対策に大差が生じるようでは、公正性の面で問題があると思われますが、法律や役所の規定で決めた画一的な対策しか認められなければ、現地の特性に合った環境対策をつくり出そうとする創造性の芽は摘まれてしまうことになります。

それでも納得しない人はいるでしょう。高速道路に頻繁に乗っていて、料金が高いと感じている人たちにとっては、そのようなオマケはゴネ得で、法律が義務づける環境対策だけで済ませて、料金を極力値下げすべきだと思うかもしれません。この主張にも十分な正当性があります。

しかし、法規制による最低限の環境対策しかできないということになれば、地元などの不満が鬱積し、そんな環境対策を設定している法規制そのものを変えようという運動へと発展することでしょう。その結果、非常に厳しい環境対策が、必要性の大小を問わず、すべての高速道路に一律に義務化されてしまう可能性があります。結局は、法で認められる最低限の環境対策と、費用面で採算のとれる最大限の環境対策という二つのBATNAの間で、交渉するほうが効率的かと思います。

社会的合意形成においても、価値生産と価値配分の間で緊張関係があるのです。公共事業によって便益が生まれるとしても、誰がどの程度、その便益を享受するのかは、やはり、交渉における価値配分という側面で決まってくるのです。最低限の建設費で済ませれば、ドライバーは喜ぶでしょうが、地元には不満が残るかもしれません。環境対策を最大限施せば、地元は喜ぶでしょうが、長期的には、料金に跳ね返って、ドライバーが怒るかもしれません。

こう考えると、マルチ・ステークホルダー交渉による社会的合意形成は、ステークホルダーの交渉力について十分配慮する必要があることがわかります。組織力があって、交渉上手なコミュニティはいい条件を得て、そうでないところは悪条件となるというのでは、なんだか不公正のような気もします。特に、高所得の住民ばかりで、社会活動に参加する時間的余裕がある人々のコミュニティと、低所得の人々が多く、社会活動など参加している余裕がない人々ばかりのコミュニティが、その交渉能力の差だけが原因で、いい条件と悪い条件に分かれるようでは、やはり不公正だと思います。だからこそ、交渉による社会的合意形成を考えるときには、ステークホルダーの間に、交渉能力の格差、交渉に使える人材と資金の格差がないかどうかを見きわめ、そして必要に応じて、弱者を支援する策を講じる必要があるのか、注意深く考える必要があります。

第６章

交渉による社会的合意形成の課題

――マスコミと科学技術

1　マスコミの役割と課題

交渉による社会的合意形成において、マスコミ（報道機関）が重要な役割を担っていることは自明でしょう。個人的な二者間交渉であれば、マスコミの影響などほとんどないかもしれませんが、社会的合意形成と呼べるような規模の交渉になると、マスコミが、大多数のステークホルダー間のコミュニケーション媒体として、一定の役割を果たします。

具体的に言えば、ダム建設の是非について社会的合意形成を図ろうとした場合、大多数の国民は、事業者や反対派などから直接情報を受け取る機会は少なく、マスコミがとりまとめた、記事やニュース報道という形で情報を得ます。もちろん、最近では、インターネットが普及し、テレビや新聞が従来持っていた影響力は衰えてきてはいるでしょう。しかし、インターネットのニュースサイトに掲示される情報は、マスコミが制作したものが大半であって、従来の紙媒体が弱体化したとしても、社会的合意形成におけるマスコミの影響力はそれなりに維持されるでしょう。

もちろん、マスコミがなければ、われわれ国民一人一人は、インターネットや巷の噂を通じて飛び込んでくる情報の、整理と評価で混乱を来たすでしょう。言うまでもなく、マスコミは、社会に必要とされている機能の一つです。ここでは、その必要性を前提とした上で、社会的合意形成の観点から見た問題点を指摘してみたいと思います。

私の知る限り、社会的合意形成の分野では、マスコミとのつきあいは十分に注意しなければならない「諸刃《もろは》の剣」であると考えられています。メリットも大きいですが、デメリットも考慮しなければなりません。

†マスコミの果たす役割

社会的問題に関する情報を多くの人々に伝えるために、マスコミは重要な役割を果たします。日本ではあまり実感が沸かないかもしれませんが、米国では、都市や地域ごとに独自の新聞が発行されていますので、州政府の地味な政策や、まちづくりに関する話題が新聞の一面を飾ることがしばしばです。多くの人々が社会的問題に関心を持ち、そしてその社会的合意形成に何らかの形で関与する上で、地域に根ざした米国のマスメディアは大きな役割を果たしています。

たとえば、私が住んでいたボストンという都市では、首都高のような高架構造の高速道路を埋めて地下道にしてしまうという大プロジェクトがあったのですが、地下化した後に生まれる地上の空間をどうするかについて、役所ではなく地元の新聞社（ボストン・グローブ）が中心になって議論を喚起し、報道するだけでなく、市民集会を主催して、社会的合意を模索した事例もあります。日本でも、地方都市では、地元の新聞やテレビ局が、地域の情報媒体として（少なくともある程度は）機能しているのではないかと思います。そのようなメリットを積極的にとらえて活用することは、社会的合意形成を目指す上で重要です。何か解決したい社会的問題があったとき、地域に根ざしたマスコミに取り上げてもらうことで、人々の関心が喚起され、さらにマスコミや対話集会などを通じた議論が繰り返し行われることによって、インタラクションが活性化すれば、何らかの社会的合意形成へとつながるかもしれません。

†社会的合意形成におけるマスコミの弊害

そのようなメリットは大きいのですが、逆にデメリットもないわけではありません。第一に、記事となることで、複雑な論争が単純化されてしまう危険があります。マルチ・ステークホルダーの重要性について説明したとき、社会的合意形成に関わる論争は、本来、賛成と反対の二項対立ではなく、いろいろな利害関心が複雑に絡み合っていることを説明しました。何かをすべき・せざるべき、という「イエスかノーか」の議論ではなく、Aさんはaをしたい、Bさんはbをしたい、Cさんはcをしたい……という多数の利害関心の調整が、交渉による社会的合意形成です。

さて、ここで人間の悩ましい性《さが》が問題となります。「イエスかノーか」の勝ち負けがはっきりする論争と、複雑な利害調整を必要とする社会的合意形成のための分析を比べた場合、傍観者として、どちらが「おもしろそう」でしょうか。他人事であれば、勝ち負け、善悪がはっきりする論争のほうが、見ていておもしろい、という人が多いのではないでしょうか。

実際、スポーツも、勝ち負けがはっきりするからおもしろいのでしょう。自分のチームが勝つこと、つまり相手を負かすことを目的に、戦略を駆使して試合を進めるのです。一方の利害調整は、複雑なパズルや高次の連立方程式を解いて、やはり複雑な解を導き出すようなものです。しかも正解は一つではありません。そういうパズルのほうが楽しい、という人も少なくないとは思いますが、やはり、スポーツのように各自の立場が明確で、善玉悪玉のように白黒はっきりする論争のほうが、ストーリーとして明快で、読者の満足度は高そうです。

ここでマスコミは、どちらのストーリーを選択するでしょうか。つまり、記事として社会的合意形成の課題を取り上げるときに、「イエスかノーか」の論争として記述するか、多数のステークホルダーとその複雑な利害関心について仔細に記述するか、です。多くの場合、マスコミは前者を選択するでしょう。なぜかと言えば、マスコミも民業ですので、読者を獲得しなければなりません。読者に選択してもらえるような紙面を構成しなければならないのですから、読者が好む前者のような記事を掲載することになります。モラルなどを理由にそのようなマスコミを否定するのはナンセンスで、民業である以上、読者の選好にあったサービスを提供するのが合理的選択です（ただし、複数のマスコミが存在する状況では、ニッチを狙う戦略もなくはないのですが）。また、多様なステークホルダーについて説明しようとしても、物理的に紙面が足らないことも考えられます。

結果として、社会的合意を必要とする課題が、マスコミを通じて過度に単純化されてしまうのです。たとえば、あるダムの建設計画に関する論争があったときに、マスコミの記事では、そのダムをつくるべきかどうか、という選択に焦点が当たりがちです。

もちろん、二者択一というのは誰にとってもわかりやすい選択肢ですが、実際の論争を詳しく見ると、二者択一ではないことが一般的です。洪水対策、自然環境の保全、水資源の確保、費用対効果の高い投資、移転補償、など多様な利害関心が背景にはあり、それらについて、賛成派と反対派という二項対立で単純化できない、多様なステークホルダーが存在するのです。多様なステークホルダーの満足度を最大化するためには、ダムを「つくる」、「つくらない」という二者択一とは全く異なる選択肢（たとえば、ダムを小規模にして他の施策も盛り込む）が最適かもしれません。

一九七〇年代の古い事例ですが、米国のワシントン州で、ダム建設の論争が起き、数十年にわたる賛成派・反対派の対立で議論が硬直化した際、中立的な仲介役が多様なステークホルダーの代表者を呼び集め、合意形成に向けた議論をさせました。結果、ダムは小規模でつくるけれども、その他の治水対策や環境保全策を講じる、という計画にほぼ全員が、しかもたった半年間の協議で合意しました。二者択一の呪縛から解かれることで、大多数が納得できる解決策を模索できたというケースです。

もちろん、論争を二者択一に閉じ込めてしまっているのはマスコミではなく、硬直化した行政の対応のほうがもっと悪いのかもしれませんが、少なくともマスコミ報道も、論争をそういう二項対立へと導く構造を持っているということは間違いありません。そのような傾向が強く出てしまうと、逆に社会的合意形成の阻害要因となってしまいます。しかし、マスコミで働いている大多数の人々は、論争を激化させて喜んでいるわけではない、と信じたいものです。先ほど述べた米国ボストンの事例のように、マスコミ自身が、マルチ・ステークホルダーによる社会的合意形成に取り組むこともあるのです。

†マスコミと本当によい関係を築く

私が師事したMITのサスカインド教授は、社会的合意形成を目指す場合、その取り組みを望ましい形、つまり二者択一ではなくマルチ・ステークホルダーの問題として報道してもらうために、記事の論調を誘導できる報道機関の経営者や役員と、良好な関係を構築することが必要だと言っています。日本でも、地方都市であれば、このような戦略は有効かもしれません。

「良好な関係」といっても、それが社会的合意形成にとって悪影響となりうる危険も認識しておく必要があります。それは、マスコミの影響力を狙って、自分にとって都合のいい報道をしてもらおうと、さまざまなステークホルダーが報道機関に近づいてくる問題です。自分の主張を広める媒体として、マスコミが利用されるのです。企業が宣伝広告の打ち切りをほのめかして記事を書き換えさせる、などという噂もたまに聞きますが、そういう直接的な圧力は稀な部類だと思います。それよりも、さまざまなコネクションを駆使して、記者に情報を提供し、記事として取り上げてもらおうとすることのほうがよくあるのではないでしょうか。

もっと悩ましいのは、自分の主張を記事として取り上げてもらうために、本当はたいしたことがない問題であっても、あえてセンセーショナルに表現する人たちが出てくることです。冷静に淡々と問題を語るよりも、デモをして、国旗に火をつけるといった派手な行動をしたほうが、やはり目立つし、マスコミに報道してもらいやすいので、あえて大げさな行動をするステークホルダーが出てくるのです。露骨に目立つ行動でなくても、同情を得るために、（本人は意図的でないかもしれませんが）感情的な態度を取る人が担ぎ出されることもあるでしょう。お隣の韓国では、抗議活動の一環で焼身自殺を図る人が稀にいるようです。結局、交渉による社会的合意形成とは大きく異なる、自分の立場をいかに上手に表現して賛同者を増やすかという、いわば社会運動的側面がまさった論争に陥ってしまうのです。

もちろん、マスコミにはこれ以外にも、記者クラブの閉鎖性など、たくさんの問題があるわけですが、社会的合意形成の側面から見ると、論争を単純化しすぎる危険性が最も悩ましいことではないかと思います。調査報道への取り組みなどを通じて、マスコミ側の自助努力も望まれるところですが、情報の受け手であるわれわれ一人一人が、社会的合意形成の議論に資する情報、つまり賛成か反対かを鮮明にして対立を煽るのではなく、多様なステークホルダーの多様な利害関心に関する情報を、わかりやすく整理して提示してくれるマスコミを選択する必要もあるでしょう。

2 科学技術と社会的合意

これまで扱ってきた交渉と社会的合意形成の事例は、科学技術の専門知識をあまり必要としないテーマのものでした。たとえば、佐藤さんと奥さんが、家事の分担について交渉する場合、専門知識など全くといっていいほど必要ありませんでした。あくまで、それぞれの事情を考慮して、お互いが受諾できる条件を模索したに過ぎません。日常的に行われる「交渉」では、それぞれの希望を考慮しながら、話し合いで、落としどころを探るわけです。

†高まる専門知識の重要性

これに対して、最近の社会的合意形成になると、専門知識という要素も考慮する必要が出てきます。たとえば、ダム建設の論争があったときに、「ダム大好き！」、「ダムなんて嫌い！」などという子供の喧嘩じみた交渉が行われるはずもなく、むしろ、「なぜ、ダム建設が必要なのか？」、「なぜ、ダムを建設すべきでないのか？」について侃々諤々《かんかんがくがく》の議論となります。その、「なぜ？」に対する答えは、工学や経済学などの専門知識に基づいて説明されます。どの程度精緻に論理を組み立ててあるか、学者にどの程度認められている理論に基づいているか、といった点で差はあるでしょうが、いずれにせよ、それぞれの主張は、何らかの専門性によりどころを得ようとします。

ダムや高速道路の整備といった国土交通に関する社会的合意形成でなくても、たとえば、薬の副作用、インフルエンザ対策、食品の安全性、捕鯨など、社会的合意形成が必要であろうさまざまな社会問題を考える上で、自然科学の専門知識は大変重要な位置づけを占めています（一方で、自然科学ですべての問題が解決するわけではないことにも注意が必要です）。また、金融政策や社会福祉政策は、社会科学の高度な専門知識に基づいて策定されています。

一般市民が理解できそうにもない専門知識を持っている大学教授やアナリストは、私たちがわからないことに対して、白黒はっきりした答えを出してくれる、と思っている人が多いかも知れません。実際、情報の受け手にとっては、頭を使わなくてもよいような白黒の判断を明確にした回答のほうがウケがよいですし、そういう答え方をする学者をマスコミも好むでしょう。

†科学技術に伴う不確実性

　しかし現実には、最新の科学技術をもってしても、明確な答えを出せないことがらはたくさんあります。たとえば、南氷洋に鯨が何頭生息しているかを一頭たりとも誤差なく把握することは無理でしょう。大地震が将来いつ、どこで起きるかを、一〇〇パーセントの確かさで予想することなども、事実上不可能です。今年の経済成長率の予測でさえ、専門家によって予想は異なります。つまり、誰かは「当たる」かもしれませんが、他の人たちは「ハズレ」なのです（全員ハズれる可能性も高いですが）。

　科学技術の進歩にともない、有用な専門知識が増えていることは確かですが、同時に、専門知識から得られる結論には、不確実性が伴うのです。

　社会的合意形成の場面でも、この不確実性の問題に正面から取り組む必要があります。たとえば、ダムや堤防を整備するときに、百年から二百年に一回の確率で起きる大雨が起きた場合、河川の水位がどこまで高くなるか（正確には流量）を予測した上で、規模を決めています。その予測にしても「大雨のときには、水位は◎・◎メートルになります」と、断言することはできません。たとえば「九五パーセントの確率で、〇・〇メートルから△・△メートルの間になるでしょう」といった、幅がある予測になります。

統計学を学んだことがある人でしたら、将来予測には標準偏差がつきものであることをご存知でしょう。この幅が微々たるものであれば、少し余裕を見て高めの設定にしておいても、文句を言う人は少ないでしょう。しかし、この幅が数メートルになると、悩ましい判断が必要になります。安全性を確実にするために、高い水位への対応を目標にダムや堤防を整備すれば、過剰投資だという批判が起きるでしょう。だからといって、予測幅の真ん中を目標とすれば、大雨がきたときに、ダムや堤防が対応できず、洪水が起きてしまう危険性がかなり残ります。

さらに、そもそも論として、これから地球温暖化が進み、地域の気象条件が大幅に変化するのであれば、前提としている百年から二百年に一回の確率で起きる大雨を、想定することができなくなってしまいます。もちろん、予測することに意味がないわけではありません。現在把握できる情報をできるだけ活用し、将来起きるであろうことをできるだけ正確に予測できれば、無駄な投資を防げますし、また過少投資による対策がもとで災害が起きる危険性も減らせます。しかし、「将来、一〇〇パーセント洪水は起きません」という予測や、逆に、「絶対に洪水は起きます」などという予測は、科学的には不可能だと思っておいたほうがよいでしょう。

風力発電のフォトモンタージュ（左：事業者、右：反対派）

（出典：CapeWind "View from the Cape and Islands" [http://www.capewind.org/modules.php?op=modload&name=Sections&file=index&req=viewarticle&artid=9], Earth Tech. "Viewshed Simulations: Nantucket Sound Wind Power Plant" Prepared for the Alliance to Protect Nantucket Sound, Inc. [http://www.masstech.org/offshore/Meeting4/MTCforum1211alliance.pdf]）

†弁護科学の問題

私を含め大半の人々は、この世のあらゆる出来事を科学的に分析する能力はありません。たとえば、地震が起きたとき、なぜ起きたのかとか、なぜ建物が壊れたのかとかについて、テレビニュースで解説を聞けばなんとなくわかるとは思います。しかしフーリエ解析や有限要素法といった背後にある理論まで、完璧に理解している一般人はほとんどいないでしょう（正直、私も知りません）。ですから、私たちは専門家の判断を仰ぐのです。

専門家に頼るということは、われわれ素人は、分析のかなりの部分について理解しないまま、専門家が出す結論を利用することになります。専門家が信頼できるのなら、分析の過程について、わざわざ説明を受けて理解する手間など省いて、結論だけを教えてもらうほうが合理的な選択でしょう。私たちの大半が、このような形で科学技術の専門家から情報を得ています。一番わかりやすい例が天気予報です。気象モデルなど理解せずに、明日は晴れそうか、雨になりそうか、といった結論だけ教えてもらえば十分だと思う人が大半でしょう。

残念ながら、社会的合意形成の現場では、最近、このような形で科学技術や専門家を利用できなくなってきています。一つの事例を見てみましょう。前ページの写真ですが、マサチューセッツ州のケープコッドという、大変セレブな方々（たとえばケネディ一族）が住んでいる半島の沖合に、風力発電の風車を一〇〇機以上建設しようというプロジェクトの景観予想図です。

二つの写真、いずれもフォトモンタージュや景観工学の技術を駆使してつくられているのですが、印象が大きく異なります。事業者が制作したモンタージュでは、風車はあまり目立ちません。反対派が制作したモンタージュは、たくさんの白い風車が青い空に、くっきりと見えています。それよりも露骨な違いは、事業者はヒトケのない海岸を前景に使っていますが、反対派は、子供などでにぎわう夏のビーチを前景に使っています。とはいえ、反対派のモンタージュも、素人がフォトショップで適当に描いたものでは決してなく、景観工学の専門家が作成しています。しかも、いずれの側の専門家も、データ捏造といったインチキは、決してしていません（公の場で検証されています）。

賛成、反対など立場が明確になる論争が起きたとき、賛成派と反対派のそれぞれが、科学技術に基づく正反対の分析結果を出してくることがあります。最近では、それが当たり前になってきました。日本でも、ダム建設などに関する論争では概して、反対する人々が独自の分析を行い、建設の必要性がないことを論証しようとしています。徳島県の吉野川河口堰《ぜき》や、熊本県の川辺川ダムなど、みなさんも名前を聞いたことがあるような事業でも、洪水の危険性などについて、事業者と反対派のそれぞれが異なる分析結果を出しています。

このような状況で利用されている科学的情報を「弁護科学（advocacy science）」と言います。「弁護」というと、結論を強引に操作するような印象があるでしょうが、必ずしもそういうことではなくて、何か対立があったときに、結果としてどちらかの側の主張を後押ししている科学的分析、という意味で使われています。もちろん、特定の主張を後押しするだけのために、前提条件などを操作して、都合のいい結論を出そうとするタチの悪い専門家もいないとは言い切れません。

弁護科学は、混乱をもたらすことが大半です。まだ立場を決めかねており、科学的情報をもとに判断を下そうと思っている人は、どちらの結論を信じればいいのか、悩んでしまいまうでしょう。また、賛成・反対の立場が明確になっている人は、相手の側が出してきた科学的情報を全く信用できず、説明しても聞く耳を持たなくなってしまうことがしばしばあります。相矛盾する情報を受け取ってストレスを感じるより、自分の立場と矛盾する情報を排除してしまったほうが心理的に楽なのです。結局、社会的合意形成を図ろうとしても、聞こうともしない相手との水掛け論に終始することになるのです。

弁護科学はあってはならない、とは思いません。むしろ、賛否を主張する人たちは、きちんとした科学的分析の裏づけを取るべきでしょう。思いつきだけで主張しても、傍から見ると説得力に欠けます。ただ、弁護科学による双方の対立をそのまま放置しておくと、時間が無駄に過ぎていくだけでなく、感情的な対立の悪化や、矛盾する情報の流布による混乱などから、社会的合意形成にとっては大きな阻害要因となるのです。

†専門家「不信」

最近、科学技術の専門家に対する「不信」の声を耳にすることが増えました。弁護科学のあり方もその一因だと思います。賛成・反対が明確な状況では、敵対する相手が使っている結論を出した専門家に対しては「信用できない」というレッテルが貼られます。行政が根拠とする結論を導いた専門家らが、「御用学者」だと揶揄《やゆ》されることも、残念ながらあるわけです。

以前からそのような風潮はなくはないのですが、特に最近増えたのは、行政や大企業以外の人々、いわゆる市民社会が科学技術の方法論を理解し、専門家として独自の分析を行う能力を徐々に身につけてきたからではないかと思われます。さらにここ数年、自然災害が頻発し、多くの人々が安全だと「信じて」きた施設が壊れる事態を目の当たりにし、専門家を信じていいのかどうか、疑問を持つ人々が増えているのかもしれません。

先ほど述べたとおり、信頼は、専門家を専門家たらしめる条件の一つです。多くの人々は、専門家を信頼するからこそ、結論に至る過程について完全には理解できなくても、その結論を参考にして、行動するのです。信頼できる専門家が誰もいなければ、われわれ一人一人が、ありとあらゆる自然科学を勉強して、自ら結論を導き出さなければなりません。自分が強い関心を持つ何か特定の分野について、勉強して独自の結論を導き出すことは可能かもしれません。専門家でない人でも、河川工学について勉強し、国土交通省が出してきたデータを自分で再検討し、結論を導き出すことはできるでしょうし、実際にそのような人はけっこう、いそうです。

しかし、ありとあらゆる学問について同じようなことをしようとしたら、人生がいくらあっても足らないでしょう。やはり、ある程度、専門家の結論に頼っていかないことには、現代の生活を送ることはできません。実際、朝日新聞が二〇〇八年に行った世論調査（政治・社会意識基本調査）では、「科学技術」は、「官僚」や「政治家」に比べて、かなり高い信用を得ています（「信用している」と「ある程度信用している」人の割合は、科学技術が八六パーセント、官僚と政治家がそれぞれ一八パーセントでした）。

そうはいっても、特に論争が起きている現場では、専門家への信頼が低下していることもまた事実だと思われます。信頼を回復する方法、あるいは信頼できる専門家を見つける方法について考える必要があるでしょう。

信頼回復の第一の方法論は、当たり前ではあるのですが、科学技術の進歩を通じて、専門家の結論と、実際の現象がより一致するようにすることです。たとえば、不確実性を減らすことです。研究者は日々、このために励んでいるのではありますが、一朝一夕で実現することではありません。

第二の方法論としては、これまで専門家が白紙委任状を得ていた分析の過程を、より詳しく説明することです。信頼が低下しているといっても、全くなくなったわけではありません。素人が勉強して分析をやりなおさなくても、分析の過程を専門家がこれまで以上にきちんと説明すれば、その結論を受け入れる人は増えるでしょう。また、過程を説明するということは、その不確実性も明らかにしなければなりません。これはまた、情報の受け手の側でも努力が必要になります。従来は結論だけ聞いておけばよかったのが、分析の過程も、多少は理解する努力が必要になります。

第三の方法論は、弁護科学の対立を生産的な対話へと転換することです。専門家の信頼低下の一因は、弁護科学の対立で、多くの傍観者が「誰の言っていることを信じればいいのかわからない」状況に至っているからだと考えられます。弁護科学をなくすことは難しいでしょうが、対立が起きたときに、お互いに耳を傾けない水掛け論にならないよう、上手に対話を促すことが、長い目で見れば専門家の信頼回復につながるのではないでしょうか。対話の具体的な方法論については、後ほど「共同事実確認」手法を紹介します。

専門家の信頼回復というねらいもあってか、最近では、従来あまり表に出てこなかった科学技術のさまざまな過程が、より詳しく説明されるようになってきています。たとえば、原子力発電所では、「安全」という結論だけを繰り返し主張するような広報から、事故が起きればすぐに発表し、地震への対策もデータを含めて公表するといった、過程を見せる広報へと変化しているように見受けられます。

また、公共事業を行う前に、環境アセスメントとして環境への影響を検討するときも、従来は、最終計画案の環境への影響を検討して、問題ないという結論だけを公表していましたが、現在では結論の他に、複数代替案の影響を検討した比較評価も記述する、すなわち分析の過程をより詳しく公表する方向へと変化してきています。しかし、このような作業にはそれなりの手間（費用、時間）がかかります。また、これだけのことをしても、やはり信頼してもらえない可能性も十分にあります。

†共同事実確認

弁護科学の論争は、そう簡単には解決できそうにありません。社会的合意形成を試みようとしても、科学的分析の結果が矛盾していたら、交渉だけでは解決できなさそうです。当事者間の利害関心だけではなく、これまで見てきたように、科学的分析の過程にも着目する必要があります。

ここで、弁護科学で激しく対立していた人々が、分析の過程を理解したことで合意に至ったニューヨークの事例をご紹介しましょう。一九八〇年代に、ニューヨーク市が、ブルックリン区のネイビー・ヤードと呼ばれる地域に、清掃工場（ゴミの焼却場）を建設しようとしたところ、地元住民が、ダイオキシンの影響を懸念して反対運動を始めました。バリー・コモナーという研究者兼、環境活動家が、反対運動に関わるようになります。

彼が清掃工場から出るであろうダイオキシンのリスクを評価したところ、人口一〇〇万人あたり一四三〇件の癌が増えると結論を出しました。しかし、市が委託した、フレッド・C・ハート社による調査では、人口一〇〇万人あたりの癌の増加は六件以下、という結論を出しています。結局、危険だ、安全だ、という対立する結論の水掛け論で、なんら合意形成は図られませんでした。

そこで、地元の研究者コミュニティが、私の指導教官であるMITのサスカインド教授に助けを求め、対立している専門家を招いた対話集会を開きました。教授は、それぞれの専門家が、分析の前提としてどのような仮定を置いているのか、衆人環視の場で、根掘り葉掘り聞き出しました。すると、想定している状況が実は、大きく異なることが明らかになりました。反対派は、夏に清掃工場が故障し、排気が開けっ放しの窓から各家庭に流入し、塵が床や窓のサッシに溜まり、そしてその溜まった塵に手を触れた人が、その手を舐めて、ダイオキシンが直接体内に入り込んだ場合を想定していました。事業者のほうは、通常の運転状態を想定しており、実は、この対立の最大の問題は、リスクを評価する上で、「最悪の状態」を想定しているのか、「最もありえる状態」を想定しているのかの違いです。他にも、ダイオキシンの漏出量を予測する上で、すでに稼動している清掃工場からのデータが必要になるのですが、事業者と反対派で、異なる清掃工場のデータを用いており、最終的には漏出量が三桁も違う評価へとつながっていたのです。

このようなやりとりの末、反対派は、「もし健康被害が起きたら焼却場を永久に停止する」という約束をしてくれれば同意してもよい、という提案をし、自信があったブルックリン区側は、その条件を受け入れたことで、合意に至りました。そのような厳しい条件は、市が受け入れないだろう、と反対派はタカをくっていたようです。結局、その後の政治的プロセスで、この合意は反故にされてしまったそうですが、少なくとも弁護科学の対立については、ある程度の論点整理ができたようです。

先ほど紹介した風力発電の事例でも、社会的合意形成にまでは至っていないのですが、景観影響分析については緩やかな合意が得られています。マサチューセッツ・テクノロジー・コラボラティブという団体が、事業者と反対派団体を招き、ファシリテーターによる仕切りのもと、景観シミュレーションについて、対話を進めました。景観予測の方法論を整理してみたところ、実は両者とも、同じような方法論を用いてはいるものの、結果の違いは、分析の前提としている仮定の違いによるものであることが明らかになりました。

このように、弁護科学の対立では、往々にして、どちらかの結論が「間違って」いたり、「捏造《ねつぞう》されて」いたりするのではなく、前提条件や、結論に至るまでの過程が異なっているだけであることのほうが一般的です。対立が感情的なものとなり、相手への信頼どころか猜疑心しかもてないような状況では、どうしても、相手の結論を冷静に分析することができなくなるのでしょう。

だからこそ、誰かが間に入って、それぞれの結論に至った過程について冷静に説明させた上で、当事者たちに、自分の利害関心からいったん目をそらさせ、結論ありきではなく、科学的な分析の過程そのものについて考えさせることが必要になるのです。しかも、この作業は、賛成・反対の両陣営が一緒に行わなければなりません。なぜなら、この作業を通じて、科学的な分析の方法論について、お互い納得し、一つに絞り込む必要があるからです。

このような取り組みを「共同事実確認」、英語でJoint Fact-Findingと言います。合意形成は、異なる利害関心をうまく取引して、Win／Winと呼ばれる状態にもっていこうとするのですが、科学的な分析は「取引」では解決しません。むしろ、「学習」により、事実は何なのかをはっきりさせることが、弁護科学の論争では必要なのです。

より具体的に方法論を述べると、次のようになります。

(1) 会議の場の設定：対立する両者に対話の場に来てもらうための交渉から始まります。会議では、議論を進行させるファシリテーターも必要です。

(2) 科学的な検討が必要なことがらの整理：ステークホルダーが集まって、どういう懸念について検討が必要かを議論します。この時点では、分析の結果は出ていないので、「それは心配に及ばない」などと他者の懸念を否定してはなりません。

（3）分析する専門家の特定：弁護科学の対立では、賛成・反対の両勢力が、それぞれの専門家を抱えています。しかし、そのような人たちは「色」がついてしまっていて、どんなに客観的な分析をしても、他方の勢力が、その結論を信じようとしないでしょう。

そこで、両者ともある程度信頼できそうな専門家のパネルを新たにつくります。全く「色」のついてない専門家は見つからないかもしれませんが、分析の前提条件、モデル、結論について、冷静にきちんと説明できる「色」の薄い専門家なら、見つかるかもしれません。

いずれにせよ、前提条件やモデルは、専門家しか知りえないブラックボックスではなく、賛成・反対の当事者も関与して決めるのですから、専門家の専門性も大事ですが、当事者の要望に合わせて前提条件を柔軟に変えたり、複数の方法論を使える人のほうが、融通が利かない権威的な専門家よりも使いものになるでしょう。また、専門家の構成について、当事者全員から合意を得ておく必要があります。自分に都合の悪い結果が出たら、「あの専門家はやっぱりよくない、代えろ！」などと言い出す人を抑止するためです。

（4）前提や分析結果についての議論：ここからは、当事者と専門家がやりとりして、前提条件、モデル、結果について、検討を進めます。前提条件を変えると結果がどう変わるのかについても見ておきましょう。

たとえば経済成長が年四パーセントでなく、年一パーセントだと仮定したら、推計される需要はどの程度減るのか、といった検討をすることは、感度分析と呼ばれます。少し前提を変化させただけで、結果がとんでもなくブレるような場合、モデルに問題があるでしょうから、専門家と協議して、モデルをつくりなおしてもらわなければなりません。

また、不確実性についても確認しておく必要があります。不確実性が高いと不安かもしれませんが、どの程度の幅を見込んでおく必要があるのか、正直に教えてもらわないと、本来は想定しておくべきだった事態への対応が遅れて、後悔することになりかねません。

(5) 分析結果についての考察：専門家は結論を出しません。あくまで結果です。どういうことかというと、専門家は、与えられた前提条件のもとで分析をして、事実としての結果を提示しますが、それを解釈して結論を出すのは、当事者です。たとえば、景観シミュレーションをすれば、分析の結果として、何らかの画像が生成されますが、その画像がとても醜いものか、美しいものか、といった結論は、当事者が判断することです。逆に、専門家が結論まで提示しないよう、注意しなければなりません。

ここから、交渉による合意形成が始まります。この共同事実確認の過程を経なければ、それぞれの当事者が、弁護科学による分析結果と結論を持ち寄ることになるでしょう。共同事実確認を行えば、分析の結果は一つしかないので、その解釈を巡る議論は続くでしょうが、少なくとも、科学的分析の結果が二つも三つも出てきて、混乱する事態は防げます。

†先端科学技術と共同事実確認

交渉学や、交渉による社会的合意形成の研究と実践は、だいたい四〇年程度の歴史があると言ってよいと思います。しかし、共同事実確認に限って言えば、ここ一〇年程度で、急に盛り上がりを見せている手法のように感じられます。私が合意形成の問題について研究を始めた頃には、まだ、あまり目立った動きはありませんでした。なぜこのような変化が起きたかといえば、科学技術が進歩し、研究室レベルの実験から、社会で実装されるまでに発展した技術が多数出回るようになったことから、社会的合意形成の分野にまで影響が及び始めたのではないかと思います。

たとえば、遺伝子組み換え技術を使った農作物の生産を許容するかどうかについて、社会的合意形成が必要とされる時代になりました。また、米国では、幹細胞を使った研究を認めるかどうか、社会的合意形成が必要とされています。この他にも、私自身、ナノテクノロジーを活用した医薬品、食品、建築物などについて、それらの導入に関する社会的合意形成の前提となる、技術の社会的評価に関わっています。

このような、先端科学技術に関連する社会的合意形成が必要な現場こそ、共同事実確認の出番です。たとえば、米国のキーストーンセンターというNGOは、「原子力に関する共同事実確認」の結果を二〇〇七年に発表しました。この取り組みでは、原子力に関する多様なステークホルダーを集め、さらに彼らの合意に基づく専門家パネルを創設した上で、科学的な知見についての合意形成を試みています。

たとえば、原子力によって電気をつくる費用について、従来は、事業者と反対派で、その見積額に、かなり大きな差がありました。しかし、非公開の場で共同事実確認の対話を行ったところ、仮定やモデルについてお互いに理解し、歩み寄りができ、「キロワット時あたり八セントから一一セントの間になるだろう」と提言しています（注：不確実性もきちんと示している点に注意してください）。これをもって社会的合意形成が図られたわけではありませんが、少なくとも発電コストについては、議論の土台となる共通データが示されたわけです。

科学技術の発展は、幾何級数的に進んでいます。その結果、これまで以上に、専門性と不確実性の高い課題について、われわれが社会的合意形成を図らなければならない機会が増えることでしょう。科学技術の発展は、人類全体としてみれば、よいことのほうが多いとは思いますが、個別のステークホルダーの観点から見れば、必ずしも望ましいと判断できない場合もあります。しかし、長い目で見れば、共同事実確認などにより、多様なステークホルダーの観点から社会的合意形成を図っておくことで、科学技術をより有効に活用できるのではないかと考えられます。

†道路公団民営化における技術論争

これまで海外の事例ばかり紹介してきましたが、日本でもある意味で、似たような論争がありました。次第に人々の記憶から遠ざかっていますが、日本道路公団をはじめとする道路関係四公団をどのように民営化するかについて、当時の小泉純一郎首相のイニシアチブで設置された道路関係四公団民営化推進委員会という組織で、激しい議論が行われました。その中で、なかなか興味深いのが、猪瀬直樹委員による、交通需要推計の背後にあった免許保有率に関する指摘です。

道路を建設するということは、将来それなりの需要が見込まれるからであって、需要がないのに建設しようとしたら、批判されるに決まっています。国土交通省は、道路建設の必要性の根拠として、どの程度の道路交通が見込まれるかを計算した、交通需要推計というデータを示してきました。

その計算過程が複雑であることは言うまでもないのですが、猪瀬委員が特に指摘したのは、免許保有率の問題です。免許を持っている人が少なければ当然、道路を使う人も少ないでしょう。さて、国土交通省が当初、交通需要推計の前提条件として用いていた二五〜二九歳の免許保有率は、最大九五パーセントまで増え続ける、という想定でした。

ですが、この想定値を計算するために用いた統計データは、一九九三年までのものでした。猪瀬委員の指摘により、直近のデータまで考慮して計算をしなおすと、免許保有率は最大八八パーセントまでしか増加しないであろうことが明らかになりました。当時のやりとりは、首相官邸ホームページの「道路関係四公団民営化推進委員会」コーナーに残されていますので、興味のある方は議事録などをご覧ください（主に二六回、二七回会合で議論されています）。

議論の過程としては、猪瀬委員が情報公開を求め、問題を指摘し、国土交通省が指示に従ってデータの公表と修正を行っているので、第三者の立場にある専門家が技術評価に、早い段階から関わる共同事実確認という形にはなっていません（なお、第三者による「チェック」は別途行われました）。しかし、公の場で、行政による意思決定の背後にある、技術的分析の問題が指摘され、そして実際に修正されたという点で、委員会での議論は画期的な事例だったと言えます。

共同事実確認は、現実にやろうとすると、適切な専門家がいなかったり、費用と時間がかかったりして、なかなか難しいものではありますが、日本でも民営化委員会のような事例が増えてくれば、やらざるを得なくなり、自然と広まるのではないかと私は予想しています。

†ITと交渉・社会的合意形成

最後に、少し話題を変えて、IT（情報技術）が、交渉による社会的合意形成にどのような影響を与えているのか、少し触れてみたいと思います。ITが社会にもたらす影響を考えている研究者はたくさんいますので、ここでは私が専門とする、交渉と合意形成への影響に限定して、話を進めたいと思います。

第一に、情報の流通が加速し、これまで以上に、心理的な戦略を中心とした交渉術は使いづらくなってきています。心理的な戦略を駆使しようとしても、それらの戦略はすでに相手に知られてしまっているので、効果がない可能性が高いのです。

たとえば、新聞購読など個別世帯へのセールスで、フット・イン・ザ・ドアという技法があります。一度ドアを開けてもらえれば、少しずつ相手の妥協を引き出して、最終的にモノを売れる、という戦略です。しかしこの方法論、ドアを開けてもらえなければ、全く使えません。このことを知っている人が増えたせいか、最近ではセールスが来ても、ドアを開けない（コミュニケーションを遮断する）人が増えているのではないでしょうか。心理的な戦略を繰り出しても、相手がそれを見破って、対策を打たれてしまっては、何の効果もありません。

同様に、個人や組織の評判（クチコミ）もインターネットで出回るようになりましたので、一人勝ちを狙って、相互利益のない交渉ばかりするような人や事業者は評判が落ち、交渉の機会を徐々に失っていくことでしょう。誰がどのような交渉をするのかについて、情報共有が進めば進むほど、本当の価値を交渉相手にもたらす交渉学を実践している人が有利になり、自分の目先の利益を追う交渉術を実践する人たちは、社会から相手にしてもらえなくなるでしょう。

第二に、BATNAに関する情報の流通も広まっているように思われます。わかりやすい例としては、価格.comのように、商品を一番安く手に入れる方法について、インターネットで比較評価が容易にできるようになりました。消費者は、自分にとってより強力なBATNAを容易に見つけることができるのです。結果として、販売側の交渉力が弱まったともいえるでしょう。だからこそ、消費者側にBATNAの少ない商品、つまりニッチの商品を取り扱うことが、売り手としての対応策になるかと思います。やはり、他に真似できない能力を持てるように切磋琢磨することが、交渉力を高める上で一番重要なのです。

さて、このように、ITの普及は消費者側にメリットをもたらしそうですが、高齢者の大多数はITを使いこなせないのが現実だと思います。その結果、悩ましいことに、高齢者がこれらの恩恵を受けられず、逆に被害者となっているとも考えられます。たとえば、心理的な交渉戦略を悪用するのが詐欺事件です。昨今の振り込み詐欺は、心理的なテクニックが情報化によって迅速に広まると同時に、ITとは縁遠い、最新の手口を知らない高齢者がひっかかるという、いわゆるデジタル・デバイドの問題ととらえることもできるでしょう。

BATNAについていえば、ITスキルのある若者たちは、ITを駆使して強力なBATNAをすぐに探索できるので、結果として安くてよい商品を見つけられるが、高齢者はそのような情報力がないためにBATNAを知ることができず、結果として、高い商品ばかりを買わされる、という問題があるようにも思えます。

第三のポイントですが、ITというとインターネットによるコミュニケーションばかり着目されますが、純粋にコンピュータの活用という面でも、社会的合意形成に影響がみられます。たとえば、先ほど紹介した、風力発電に関する景観シミュレーションをめぐる論争も、パーソナル・コンピュータの計算能力がここ一〇年で格段に進化し、ソフトウェアも安価になったことから、事業者も、反対派団体も、そのような技術を容易に使えるようになったことが、論争の深刻化に影響していると思います。

　日本国内のダム建設に関する論争などを見ていても、多くの人々が表計算ソフトウェアを使いこなせるようになったことで、計画水位などに関する計算を自分自身で追体験できるということが少なからず影響しているのではないかと思います。また、もちろん、インターネットの普及などにより、再計算に必要なデータや、基礎的な分析の方法論などの情報が手に入りやすくなったことが、この傾向を加速させていることは言うまでもありません。このように、ITの普及により、科学技術に基づく知見と分析能力が、より多くの人々に共有されるようになったことで、いっそう、共同事実確認の重要性が高まっているといえるでしょう。

第７章

交渉学についてのQ&A

最後に、これまでの内容を振り返って、みなさんがお持ちであろう疑問にお答えしたいと思います。これまで、学生だけでなく、現役検事からIT企業の営業担当者まで、たくさんの方々に、交渉についてお話させていただく機会がありましたが、そのような機会によく寄せられた疑問をもとに、Q&Aを整理してみました。

Q：相手が頑固で交渉が始まらない。会ってさえくれない。

まずは、相手の利害とBATNAを整理してみてください。あなたのオファーは、相手の利害を十分に満足させるもので、相手にとって、BATNAよりも魅力的な条件でしょうか。もしそうでなければ、あなたのオファーそのもの、そして相手に対するオファーの見せ方を変える必要があります。また、相手はBATNAを正確に認識していますか。たとえば、相手方に弁護士や社会運動家がついていて、裁判で争えば勝てると思いこまされていないでしょうか。もし相手がBATNAを誤解しているようであれば、やんわりとその誤解を解くことで、交渉が始まるかもしれません。これが、合理的選択を前提とした交渉の進め方です。

実際の交渉の現場では、感情のもつれが、交渉が始まらない原因であることも往々にしてあります。

公共事業を実際に担当していた元官僚の方から、こんな話を以前に伺いました。建設用地の買収交渉で、ある特定の農家との交渉が難航しており、役所の用地担当者が何度行っても門前払い。その担当者の上司であった彼は、用地買収のことはさておき、出勤前にときどき、その農家に立ち寄って、野菜づくりなどについて雑談を交わしていたそうです。もちろん最初は嫌われていたそうですが、次第に心を通わせ、最終的に、農家は土地の売却に合意したそうです。そして、話をしてみると、実は、農家の方は、用地担当者の高圧的な態度が鼻について交渉を拒んでいたそうです。交渉拒否は、ＢＡＴＮＡなどを考えれば「合理的」な反応ではなかったのかもしれませんが、交渉の現場では、このような感情的反応はよくあることでしょう。

さて、感情のもつれを原因とする交渉の行き詰まりには、どう対処すべきでしょうか。第一に、状況を客観的に認識して、相手の感情を害したことを率直に認めることです。このような状況では概して、相手をステレオタイプ化し、しまいには人間性さえ否定するようなエスカレーションが起きます。しかし、実際にはあなたの側に問題があることも十分に考えられます。利害関係のない周囲の人々に意見を求め、もし自分に非があるのであれば、問題点を素直に認める必要があります。

第二に、感情を害したのであればそのことをできるだけ早く、スマートに謝りましょう。米国のオバマ大統領は、交渉における謝り方がとても上手です。二〇〇九年七月、大統領の友人であるハーバード大学教授が、自宅の鍵を壊して家に入ろうとして逮捕された際、大統領は、地元警察が愚かな対応をしたと非難しました。しかし、教授側の対応にも問題があったことから、逆に地元警察が大統領を非難する事態になりました。

大統領は、地元警察が大統領に謝罪を求める声明を出したのと同じ日、すぐに、教授を逮捕した警官に直接電話をかけ、言葉の選択に誤りがあったこと、地元警察は優秀であると信じていることなどを伝え、さらには、ホワイトハウスにこの警官と教授を招き、ビールを飲みながら話をすることにしました。その後、この問題は急速に鎮静化しています。オバマ大統領の迅速かつ勇気ある対応は、感情のもつれによる対立の深刻化を防ぐ上で非常に有効でした。逆に、このような対応を怠ると、次第にお互いを「悪魔」とみなすようになり、雑談さえできなくなってしまうのです。

最後の対策として、第三者を使うこともできます。先ほどの用地買収の例でも、農家の感情を害してしまった担当者自身ではもはや何もできなかったのかもしれません。そこで上司が、感情を逆撫でしないように細心の注意を払ってアプローチしたことで、感情の問題を乗り越えることができたのでしょう。また、両者の間をとりもつことができる第三者がいれば、その人に仲介をお願いすることもできます。たとえば、日本には仲人という制度がありますが、あれも、夫婦間で感情のもつれが生じたときに、第三者が迅速に解きほぐせるようにしておく、よくできた制度ではないかと思います。

Q：交渉学は米国の学問で、日本では通用しない。日本はウェットな文化だ。

おっしゃるとおり、日本と米国では、交渉の前提条件にさまざまな違いがあります。そして、確かに「ウェット」です。よって、交渉上手な米国人が、日本のビジネスでも上手に交渉できるかどうかは怪しいところです。以前、ハーバード大学交渉学プログラムの学術誌に、アジアの交渉は米国の交渉とどう違うのか、そしてどう対応すべきかについて、共著で論文を出したのですが、日本については、文脈依存性（暗黙の了解が多いこと）、事前の根回し、交渉担当者の肩書き、交渉の環境と立場・本音、長期的関係と恩・義理という概念など、日本に特徴的な交渉の前提条件に配慮する重要性を指摘しておきました。

このようにたくさんの相違点がありますが、だからといって日本で交渉学が全く通用しないわけではありません。「本音と建前」は、交渉学でいうところの利害と立場の関係にきわめて近い考え方です。根回しも、交渉学の否定するものではありませんし、英語ではコーカス（caucus）といって、非公式の個別交渉はむしろ、紛争解決のために重要な技法としてとらえられています。

現場の特殊性にしたがって交渉することは重要ではあります。国内であったとしても、東京と地方では、前提条件が全く異なります。米国だって、北東部と南部ではカルチャーが大きく異なります。業界によっても交渉の流儀は異なります。よって、日本流や米国流といった、とても雑駁な括りで交渉のステレオタイプをつくって交渉に臨んでも、いい結果は得られないでしょう。むしろ、ひとつひとつの交渉の背後にある固有の前提条件を正確に認識して、それらに配慮しつつ、Ｗｉｎ／Ｗｉｎによる共存共栄を実現できる方法を見つけることが、交渉学の本当の目標です。

Q：交渉で「ノー」とは絶対に言えない立場にある。

営業担当の人は往々にしてこのような意見をお持ちのようです。お客様は神様で、お客様の要望をなんとしてでも実現するのが自分の役割である、という信念が日本では広く行き渡っているようです。確かにこれは日本の特殊性のように思われますが、米国でも、「神様」とまでは言いませんが、似たような話は見聞きします。

さて、そのような立場にある場合、交渉学は使い物にならないのでしょうか。確かに、民間ビジネスでは、強気に出ることは契約打ち切りという憂き目に直結しそうではあります。むしろ、本書ではあまり扱わなかった心理的テクニックのほうが効果がありそうな気がするかもしれません。しかし、扱っている商材によっても異なりますが、営業担当者も十分に交渉学を活用できますし、むしろ活用できる人が成功しているようにも思えます。

雑誌「ａｎ・ａｎ」の二〇〇九年七月一五日号が、交渉をテーマにしているのですが、その中に載っていた、数名のＯＬさんのインタビュー記事を読んで、ビックリさせられました。彼女たちは、営業など「弱そうな」立場であるにもかかわらず、交渉学の観点から見て、とても上手に交渉を進めているのです。

たとえば、セールス先の要望を徹底的にヒアリングしてから、複数の提案を出すという人がいました。いきなり自分の立場を売り込むのではなく、まずは相手の利害をきちんと把握してから、双方の利害にかなうオファーをするというのは、まさに交渉学の原則でもあります。最初からＢＡＴＮＡをちらつかせる営業はうまくいかないでしょうが、お互いの利害に資するＷｉｎ／Ｗｉｎ関係を構築する営業は、むしろデキる営業ではないでしょうか。

また、ＩＴ企業などでは、営業担当者が「ファシリテーター」役を果たすこともできるでしょう。私自身、発注者として、ＩＴ企業の営業担当者とやりとりした経験が何度かあるのですが、発注者からの要求を聞いて、それを技術担当者などに伝えるだけの御用聞きでしかない（しかも、こちらの要望を正確に伝えてくれない）営業担当者も少なからずいました。発注者としては大変フラストレーションの溜まるところです。営業なので「ノー」とは言わないのでしょうが、発注者としては、その態度が余計な手間と混乱を増やしているだけのような気がします。

では彼らに何ができるかといえば、さまざまな技術担当者と顧客との間で、仕様についての合意形成を図るファシリテーターとして、打ち合わせを効率的に進行し、顧客が納得でき、また技術担当者も本当に実現できるソリューションを組み立てる役割を担えるはずです。そのためには、顧客の利害だけでなく、技術担当者の利害も理解してあげる必要があります。また、一種の通訳として、専門用語をわかりやすく言い換える能力なども必要でしょう。このような新たな営業像を模索していかないと、これからのIT企業の営業は価値を生み出せないのではないかと思います。

では、質問に立ち返って、あなたは本当に「ノー」と言えないのでしょうか。ここで必要になるのが短期対策、長期対策の仕分けです。あなたのBATNAが弱いのであれば、確かに交渉力がないので、ノーと言えない事態もあるでしょう。たとえば、特許がある商品なので、特定の会社からしか調達できない、ということもあるでしょう。しかしこれは短期的な問題です。長期的に考えれば、BATNAを見つけたり、つくることはできます。

たとえば、特許が理由で調達先が限定されているのであれば、技術開発を他社と共同で行うなどして、ＢＡＴＮＡとなる取引先を自ら開発することができます。

某プリンタメーカーの事例ですが、あるインクメーカーと顔料を共同開発したところ、知的財産権が理由で、そのインクメーカー以外からインクを調達できず、高値で売りつけられることになりました。しばらくの間は泣く泣く、そのインクメーカーから調達したそうですが、同時に、別のインクメーカーと共同で新たな顔料を緊急開発し、商品化に成功したそうです。すると、最初のインクメーカーが突如値下げを申し出てきたとのこと。このプリンタメーカーも、短期的には「イエス」としか言えなかったのでしょうが、「ノー」と言えるためのＢＡＴＮＡを自助努力でつくり出したことで、対等な土俵での交渉へと移行することができたのです。

Ｑ：交渉学はどこで学べるのか。

日本国内では、二つの選択肢があります。一つ目が研修で、数時間から数日のものが提供されています。ただし、交渉学については、残念ながら一般向けの研修機会は少なく、企業の社員研修などが大半ではないかと思われます。

二つ目が、私が所属する東京大学公共政策大学院をはじめとする専門職大学院で、公共政策、経営、法科などさまざまな大学院で、交渉学が教えられています。しかし、研修機会も多くありませんし、大学院進学はオオゴトですので、交渉学を気軽に学べる機会が少ないという問題はあります（本書をまとめたのも、その問題意識があったからです）。いますぐできることとなると、他の交渉学の書籍、たとえば『ハーバード流交渉術』をはじめとする訳書を読むことから始めていただくしかないかな、と思います。

研修などを選ぶ際、注意すべき点としては、まずは講師の経歴をチェックするとよいでしょう。交渉学について学びたいのであれば、研究者としての経歴・業績がしっかりしている人がよいでしょう。実務経験が多いだけの講師は、経験談は面白いかもしれませんし、交渉術のテクニックは持っているでしょうが、本当に交渉学を知っているのかどうか、不安が残ります。また、研修のテーマが、コミュニケーションなのか、交渉なのかも、事前に確認しておきましょう。タイトルに「交渉」と書いてあったとしても、本書でいうコミュニケーションしか扱わない研修もなくはありません。

Q：交渉は合意すれば終わりではなく、同じ相手と再度、別件で交渉することもあるから、破談を想定したBATNAなど考えがたい。

同じ相手と別件で交渉することを念頭に置くことは、とてもよいことです。むしろ、相手と二度と会わないことを前提にすると、嘘をついたり、強硬な脅しをかけたりすることで、短期的な利益獲得を狙ってしまい、長期的な相互利益を損なうことになります。社会的責任のある交渉を心がけるのであれば、同じ相手と将来交渉する可能性も念頭に置きながら、目前の交渉を進める必要があります。

そのためには、嘘をつかない、相手に強い不快感をもたらすような言動を避ける、客観的に妥当だと思われそうな価値配分を心がける（一人勝ちを狙わない）などの配慮が必要です。そして、お互いの利害の相違に着目して、相互利益を生み出す共同作業に協力して一緒に取り組む、協働するという意識が双方に芽生えれば、先々、安定した協力関係が構築できるでしょう。

しかし、ＢＡＴＮＡを想像できないという思考停止状態までいくと、いわば「ズブズブ」の関係です。同じ交渉相手と取引するというルールを自分の中で勝手につくってしまい、本当は、関係を解消して別の相手と取引したほうが、自分にとっては、場合によっては相手にとっても、メリットがあるにもかかわらず、過去の関係に引きずられて、ＢＡＴＮＡを考えられなくなってしまうのです。いい喩えではありませんが、男女関係では、まあ、こういう「ズブズブ」は頻繁にあると思います。別れるという選択肢を考えられない状態ですね。逆に、別の人とつきあうといったＢＡＴＮＡを考えてみた上で、それでもいまの相手を選択したいと思えば、それは本当に幸せな関係なのでしょう。

ちょっと話がそれましたが、いかに歴史の長い、良好な関係ができていたとしても、交渉をしているのであれば、ちょっと醒めた人間になって、BATNAについて考えてみることは大切です。それでも、いまの相手が本当によいと思えるのであれば、引き続き交渉を続ければよいでしょう。もし、BATNAのほうがよいと思うのであれば、BATNAが実現しないリスクも十分に考えた上で、馴れ合いではない、緊張感がある交渉をしてもよいのではないでしょうか。

実際、つきあい始めてすぐのカップルは交渉が下手、という話を聞いたことがあります。相手の感情を害さないことばかりに注意が行ってしまい、自分と相手の利害の相違（「相違」の存在など考えられないのでしょう）を調整することができないので、十分な価値生産ができないのです。言うまでもなく、ビジネスでも、国際関係でも、過剰な気遣いにより、全く同じ問題が起こり得ます。

Q：マルチ・ステークホルダーの交渉は、議論を混乱させる人がいて非効率だ。

議論が混乱するのは、困ったステークホルダーがいるからではなくて、議論の場づくりが上手にできていないからです。確かに、ビジネスで一般的な二者間交渉と比べると、社会問題に関するマルチ・ステークホルダー交渉は、概して、話し合いが円滑に進みません。しかしそれも、混乱させる人がいることが原因ではなく、これまで別世界で生活してきた人たちが対話しなければならないがゆえに、交渉のルール、暗黙の了解といったものが存在しないことが原因であると考えるべきでしょう。もちろん、どの世の中にも困った人はいますが、その人がステークホルダーとして、あなたが取り組んでいる問題の解決に必要不可欠なのであれば、やはり無視するわけにはいきません。

強いて言えば、ステークホルダーの代表者として会議の参加者を選ぶ場合に、説明が上手で、人の話をよく聞く人を意図的に選ぶことはできます。私が実際にマルチ・ステークホルダーの合意形成を試みる場合でも、コミュニケーション能力が高い人に、代表者として議論に参加するようお願いすることが多いです。しかし、この場合も、合意形成に必要とされる多様なステークホルダーの意向が十分に反映されなければなりませんから、「困った人」に参加してもらわないといけないこともあります。

本質的な問題の解決のためには、プロセス管理という概念が必要です。合意形成に向けて、具体的にどのようなステークホルダーが参加して、どのような段取り（場所、期間、テーマ）で交渉を進めるのかについて、交渉の早い段階で設計図を描いておき、そして、その設計図にしたがって交渉プロセスを進めていくのが、プロセス管理です。的確な設計図を描くためには、前提条件の把握、いわば「測量」が必要で、本書で解説したステークホルダー分析手法を用いることができます。

ここで、ある特定のステークホルダーがプロセス管理をしてしまうと、その人が都合のいいようにプロセスを操作する可能性もあります。そこで、第三者的立場にいるプロセス管理の専門家が関与することもあります。そのような介入をファシリテーションやメディエーションと呼びます。マルチ・ステークホルダー交渉による合意形成のための、プロセス管理について詳しく知りたい方は、『コンセンサス・ビルディング入門』（サスカインド、クルックシャンク著、有斐閣）を読んでみてください。

Q：「社会運動」の対立で議論に閉塞感がある。打開する方法はないか。

交渉による問題解決を頭の中で描いている人にとって、原則を覆そうとする社会運動は頭痛の種です。ここで、価値観そのものを変えようとする社会運動を頭ごなしに否定するようでは、まだまだ素人です。なぜなら、交渉による問題解決は、ステークホルダーの価値観が変わらないことを前提としていますが、交渉による合意で問題解決の道筋が見えたとしても、その後、社会運動を通じて、前提となるステークホルダーの価値観を変えられてしまったら、交渉による合意などいとも簡単に反故にされてしまうでしょう。政権交代に伴う八ッ場《やんば》ダムの混乱は、まさにこの問題を顕著に表しています。

政権交代は、社会運動の結果が露骨に表れる場面です。いろいろ複雑なルールがあるにせよ、二大政党制下における政治主導の政策決定であれば、有権者の総意ではなく、政権与党を支持する勢力の意向が政策に反映されるので、ほんのわずかな投票数の差で、政策の中身が右へ左へと、激しくブレる可能性があります。結果として、政権与党主導による政策形成が前提であれば、自分の利害に適う政党が政権与党となるよう、特定の政党を後押しすることがステークホルダーの合理的行動であって、少数派も相手にする、マルチ・ステークホルダーによる交渉と合意など、なんら意味がなくなってしまいます。

驚かれたかもしれませんが、あえて悲観的な見解を述べてみました。最近日本で流行の、政権与党による政治主導という考え方は、マルチ・ステークホルダー合意の思想とは、かなり矛盾があると思います。「勝てば官軍」という思想は、少数派のステークホルダーの同意も得ようとする思想とは大きく異なります。ですので、短期的には、交渉学による社会的合意形成は、正直なところ、日本では流行らないかもしれません。

ここで、忘れないでほしいことは、米国では、民主党と共和党の尖鋭的な対立が、特に一九八〇年代以降の連邦議会で二十年近く続いた結果、党派政治ではない、問題解決型の政策形成を推し進めようという動きが出てきていることです。実際、合意形成委員会

（consensus council）という超党派の委員会を設立しようという議論が、連邦議会で進められています。

さて、二十年も待てないという人も多いでしょうから、もっと短期的な対策も考えてみましょう。まずは、原理原則を主張する人たちに、短期的に協力できることを考えてみるように勧めてみてはどうでしょうか。もちろん、そのような原理主義者は、交渉による「妥協」など、仲間の原理主義者に見せる顔がないので、なかなか受け入れてくれないでしょうが、協力しないよりは、協力したほうがお互いにメリットがあることを理解してもらうしかありません。

いくら説明してもダメなら、説得はあきらめて、短期的に協力してくれる人たち、いわばＢＡＴＮＡを探すというのもひとつの手です。このように地道な取り込み策を模索しつつ、政治やマスメディアを使った「転覆」についても注意しておく必要があります。民主党政権になった際、ダム建設計画に関して、まさにこのような事態がおきたわけです。

逆に、交渉による合意形成によってでは、自分の目標を実現できないと感じている人々は、会議の進め方について愚痴るのではなく、政治やマスメディアを通じて、自分の価値観へと賛同してくれる人々を増やすような社会運動を興すことを真剣に考えたほうがよいと思います。もちろん、政治主導で政府の方針が右往左往するよりも、交渉による合意形成で頑強な政策ができるほうが社会全体としてのメリットは大きいでしょうが、長期的に考えれば、社会的な価値観の変革が必要なときもあります。たとえば、開発よりも自然環境の保全を重視する価値観は、ここ数十年という長い時間をかけて、人々の間に広まっていったのでしょうが、そのような価値観は、利害調整ではなく、社会運動によって広まっていったのです。よって、短期的には交渉による合意を目指したほうがよいでしょうが、長期的には、社会運動により、自分が信じる価値観を広めていくという戦略をとることも必要だと思います。

おわりに――よりよい自分と社会のために、あなたが実践する交渉学に向けて

　ここまで読んでこられて、交渉学がいかに裾野の広い学問であるか、おわかりになっていただけたでしょうか。本書ではできるだけ、事例を使って説明してきましたが、恋愛から国際関係まで、交渉学では同じ尺度でさまざまな問題を分析することができます。これは、交渉学の重要性を物語っているように思えます。経済学、法学といった、誰もが知っている基礎的な学術領域も同様に、多様な分野に対して同一の基本的思想を適用できるということが、学問としての強みであるわけです。交渉学が経済学や法学と肩を並べるまでの学問であると言えるほどの自信はありませんが、いろいろな問題に適用できるということは、少なくとも納得していただけるでしょう。

　最後に、あなた自身による、交渉学の実践に向けて、いくつかアドバイスをしたいと思います。まず、交渉や政治的駆け引きに関する雑多な問題を、交渉学の視点から冷静に分析する癖をつけてみてください。これが、読者のみなさんへの第一のメッセージです。

　まずは、ウェブサイトや新聞記事を見ながら、「あの会社のＢＡＴＮＡはこんなものだ

から、交渉がうまくいかないんだろうな……」とか、「あの芸能人の本音の利害はあれだから、こんなことをしたんだろうな……」とか、心の中で（あるいは流行のツイッターで）つぶやいてみたり、ブログに書いてみたらどうでしょう。あなたの頭の中でモヤモヤしている、身近な人づきあいの問題についても、相手のあらを探してはイライラせずに、BATNAやZOPAなどのキーワードを思い浮かべながら、少し客観的になって、思いをめぐらせてみてはどうでしょうか。

次に、家庭、コミュニティ、職場などで、あなた自身が実際に関わっている交渉について、事前準備を実践してみましょう。いま、とても悩んでいるビジネス交渉から始めてもよいですし、自信がなければ、家族や友人とどこに旅行に行くかを決めるといった、身近な問題から試してみてもよいでしょう。

その準備ですが、まずは、自分と相手の、利害とBATNAをリストアップしてみましょう（七一ページ参照）。どのような解決策がお互いに幸せなのか、利害の取引を想像してみましょう。そして、交渉という堅苦しい言葉の響きに怖気づくことなく、これまでと同じように、相手との打ち合わせや相談に臨みましょう。そして、どのような利害についてバーターできるのかを、つねに頭の中で考えながら、自分と相手が、お互いにハッピーになれる解決策を、相手と一緒に探していきましょう。交渉は駆け引きではなく、協働作業

なのです。

もちろん、最終的な落としどころを決めるときには、価値分割という悩ましい問題があります（第3章参照）。自分のBATNAと見比べるだけでなく、客観的基準を使いながら、そして社会的責任も考えながら、お互いに納得できる結論を探しましょう。このような段取りで交渉を進めていけば、スッキリした気分で納得して、合意したことがらを実行しようという気分になれるでしょう。

読者のみなさんには、これだけで満足してほしくありません。あなたのBATNAは、あなた自身の能力を示す指標でもあります。誰もが必要としているけれども他の人が持っていないスキル・魅力や、広範で多様なソーシャル・ネットワークを持っている人のBATNAは強力です。交渉という一時的な活動にとらわれず、普段から、BATNAの改善のために、ユニークなスキルを身につける努力をするとともに、人づきあいを拡げていく努力をしてみましょう。説教くさいと思われるでしょうが、これは道徳ではなく、あなたのBATNAを改善する実利的なアドバイスなのです。

交渉学の実践は、ビジネスや家庭の身近な交渉から始まりますが、国や地域をつくる「交渉」にも触手を伸ばしてみてください。都道府県や国の政策など、自分が口出しすることではないと思うかもしれませんが、あらゆる政策は、あなたを含む、都道府県民や国

民の間で行われる、交渉と合意形成の結果です。あなたが納得できない政策があるのであれば、それは役人や政治家だけの責任ではなく、交渉の過程でそのような政策に同意した、あるいは十分に反対しなかったあなたにも、責任があるのです。

もちろん、現実の政治では、特に政治主導という方針がもてはやされる昨今、有権者の過半数に満たない投票であっても選出されてしまう首長や議員によって政策が左右されるため、社会運動の影響力が増し、交渉によるマルチ・ステークホルダー合意ができていない政策でさえも導入されてしまう危険があります。トップダウンによる抜本的改革が必要な政策課題もありますが、政策全般を見渡してみれば、かなりの数のステークホルダーが根強い不満を持つような政策は、事業実施に至るまでの長い道のりのどこかで、必ずや転覆させられます。

「投票」も社会的合意形成への重要な参加手段ではあるのですが、もっと直接的な参加も心がけてみましょう。あなたが関心のある政策や事業は何ですか。子育てですか？ まちづくりですか？ あるいは経済政策ですか？ いろいろあるとは思いますが、みなさんがお住まいのコミュニティや市町村による、説明会や集会に顔を出してみる、あるいは、各省庁のウェブサイトに載っているパブリックコメント募集に、自分の意見を提出してみてはどうでしょう。あなた自身が行政やコミュニティを運営する立場でしたら、本書で紹介

してきた、社会的合意形成のための交渉プロセスを使ってみてもよいでしょう。

こうして、国づくり、地域づくりが、利害に着目したマルチ・ステークホルダー交渉として進められるようになればなるほど、本当の意味での付加価値が生産され、誰もが幸せを感じられるとともに、国や地域の成長へとつながるのです。

あとがき

本書の第1章、第2章では、一九九六年のマサチューセッツ工科大学（MIT）への留学以来、十数年にわたって、研究と教育を続けてきた「交渉学」のエッセンスを、ビジネスマンだけでなく、学生から主婦まで幅広い読者層に向けて、できるだけ平易な読みやすい体裁でまとめてみました。内容は、私の個人ウェブサイト（http://www.mmatsuura.com/）に書き散らしていた記事の中から、特に大切なものをピックアップし、大幅に加筆修正して、さらに図表などを加えたものです。ここ数年、ウェブサイトを更新する時間をほとんどとることができず、記事の内容に明らかなミスがあったり、表現がわかりにくかったりと、多々問題があったのですが、本書の執筆を機に、交渉学についての私なりの解説を、大幅に見直すことができました。本書の内容そのものは、もちろん、ウェブサイトに載っていませんが、本書には載せていない情報や、時事問題に関する評論をブログで書き散らしていますので、もしよかったらアクセスしてみてください。

これまで、企業から官公庁まで、さまざまな場面で行わせていただいた交渉学の講義で寄せられたフィードバックも、本書執筆の参考になっています。研修を含めれば、交渉学について講義するようになってから十年以上が経ちましたが、話を聞いていただいたみなさんの反応（寝ている人もたまにいますが……）をもとに、講義内容を少しずつ改善してきました。この貴重な経験も、本書には反映されています。

第3章以降で、内容がガラっと変わることに、みなさん驚かれたかもしれません。第2章までで短くまとめた、分析や戦略づくりのための交渉学を、もっと詳しく書いてもよかったのですが、そうすると、ありがちな「交渉術」の本みたいになってしまいますので、後半は、交渉の社会的な意味について、突っ込んだ議論をすることにしました。Win／Winというフレーズや、ステークホルダーという単語は、本書をお手に取る前からご存知だったかもしれませんが、その背後にある意味合いを、本書で理解していただけたでしょうか。目先のノウハウやテクニックに翻弄されずに、少し落ち着いた気分で、交渉を学問として考えてもらえれば、実は、一人勝ちではない、社会全体を幸せにするような交渉を心がけることが、いかにしたたかな戦略であるかを理解してもらえるのではないかと思います。

さて、本書でこれまでに述べてきた交渉学は、誰よりもまず、私の師匠であるMITのローレンス・サスカインド先生（ハーバード大学交渉学プログラムの初代代表でもあります）の賜物であります。かれこれ十年以上、交渉学や都市計画、公共政策の研究についてご指導いただいてきました。交渉による合意形成によって、貧富を問わず世界中の人々がよりよい環境に恵まれるよう、日夜エネルギッシュに活動されるそのお姿は、私の人生のお手本（role model）でもあります。他にも、コーネル大学のジョン・フォレスター先生や、合意形成研究所（CBI）をはじめとする米国内の合意形成支援機関のみなさんにご教示いただいた知見も、本書をまとめるにあたって参考にさせていただいています。

二〇〇七年一月に東京大学公共政策大学院に赴任してからは、大学院法学政治学研究科の城山英明先生に、社会的合意形成の研究などで大変お世話になっています。また、公共政策大学院の寄付講座「エネルギー・地球環境の持続性確保と公共政策（SEPP）」および海洋アライアンス「総合海洋基盤（日本財団）プログラム」に寄付・助成をいただいたみなさんにも感謝申し上げます。そして、東京大学公共政策大学院の「交渉と合意」をはじめとする、私の講義を受講してくれた学生諸君の反応も、本書をまとめる上で参考にさせてもらいました。他にも、私が理事をしているNPO法人PIフォーラムの関係者、企業や行政機関での研修にご参加いただいた方々など、たくさんの方々のご指導、ご協力があってはじめて、本書をまとめることができました。本当にありがとうございます。

最後に、本書の企画を立ち上げていただいた筑摩書房の金子千里さん、出版にこぎつけていただいた北村善洋さん、そして本書の執筆で正月休みを二年連続で犠牲にした私を許してくれた家族にも感謝の意を表します。

松浦　正浩

ちくま新書
839

実践《じっせん》！　交渉学《こうしょうがく》
——いかに合意《ごうい》形成《けいせい》を図《はか》るか

二〇一〇年四月一〇日　第一刷発行
二〇二〇年九月二五日　第五刷発行

著者　松浦正浩（まつうら・まさひろ）
発行者　喜入冬子
発行所　株式会社 筑摩書房
東京都台東区蔵前二-五-三　郵便番号一一一-八七五五
電話番号〇三-五六八七-二六〇一（代表）
装幀者　間村俊一
印刷・製本　株式会社 精興社

ISBN978-4-480-06542-1 C0295